一本书读懂 OKR

OKR实战落地一本通

徐晓蓉 ◎ 著

中国商业出版社

图书在版编目（CIP）数据

一本书读懂OKR：OKR实战落地一本通 / 徐晓蓉著. -- 北京：中国商业出版社，2023.4
ISBN 978-7-5208-2444-6

Ⅰ.①一… Ⅱ.①徐… Ⅲ.①企业管理—目标管理 Ⅳ.①F272.71

中国国家版本馆CIP数据核字(2023)第050802号

责任编辑：包晓嫱
（策划编辑：佟彤）

中国商业出版社出版发行
（www.zgsycb.com 100053 北京广安门内报国寺1号）
总编室：010-63180647　编辑室：010-83118925
发行部：010-83120835/8286
新华书店经销
香河县宏润印刷有限公司印刷

*

710毫米×1000毫米　16开　13印张　150千字
2023年4月第1版　2023年4月第1次印刷
定价：58.00元

****

（如有印装质量问题可更换）

管理就是把复杂的问题简单化、混乱的事情规范化。

——杰克·韦尔奇

前言

5年前，我服务过的一家集团公司的人力资源总监打电话咨询，说她的老板刚刚从华为参访学习回来，给她提出了公司绩效管理制度要马上进行改革的要求，老板认为原来的绩效管理效果不尽如人意，所设定的关键绩效指标（Key performance Indicator，简称KPI）缺乏创意和激励性，希望全部改为用目标与关键结果（objectires and key Results，简称OKR）进行考核。这位总监考虑到全集团有好几个业务板块，这些业务板块分别属于不同的行业，运营的实体公司也处在不同的发展阶段。再者，作为人力资源管理专业人士，她知道KPI和OKR不同，也知道有越来越多的公司开始用OKR，但是，她还是对这次绩效管理改革有些担忧。因此，她想通过咨询我来了解：KPI和OKR到底有什么本质的区别；她所在的公司是一个多元化的集团公司，如果将原来的KPI指标考核全部改用OKR绩效考核是否合适；从一种绩效管理工具切换到另一种绩效管理工具在实施过程中将面临什么风险；OKR实施过程中个人、部门和公司各自需要承担什么责任；有哪些成功实施OKR的企业案例可以借鉴；等等。她希望在实施变革前弄清楚这些问题。记得当时我花了将近1个小时的时间给她解答了这些问题，为她后面即将开展的OKR绩效管理改革工作做了些铺垫。

两年前，我所创立的子繁咨询所服务的另一家公司在年底进行年终绩效回顾时，董事长也提出了要用OKR进行公司绩效管理。这家公司强调创新文化，公司为了将此项工作顺利推进，安排由总裁办牵头负责、人力资源部配合。而我作为这家公司的人力资源战略顾问就义不容辞地对公司从OKR目标设定到推进实施再到复盘回顾的整个过程进行了辅导。后来的事实证明，公司的OKR绩效改革不但取得了成功，而且获得了不错的效果。

时间来到2022年，无数的事例也一次又一次证明了OKR是一个在追求创新和快速变化的数字化时代特别适用的管理工具，被越来越多的公司认可和使用。据我了解，不仅如字节跳动、华为、百度这样大名鼎鼎的公司在用OKR，而且很多非高科技和互联网行业的制造业、健康医疗行业的公司也都在使用OKR。但与此同时，我们在管理咨询服务中与不少企业的老板沟通时也发现，有很多企业在用OKR绩效管理工具时还是会遇到不少问题。除了开头我的那位客户所提到的那些问题外，还有以下问题：对理论知识是理解的，但不知道为什么用的时候好像不是那么一回事儿；OKR里的KR关键结果是不是就是KPI；因为都要求可衡量，目标和考核如何区分；OKR到底是个什么神器；我们如何运用它才能让它助力企业快速发展；等等。

OKR在国内企业管理实践中目前还是一个相对比较新的领域，那些实力雄厚的大型企业，由于拥有健全的组织体系和强大的管理人才储备，加之与专业的咨询机构进行合作，因此它们使用OKR管理工具后，都收到了理想的效果。但是，对于广大的中小企业来说，大型企业的成功经验无法复制,想要探索出一套适合自己的OKR操作方法,还需要付出一定的学习成本,甚至会走不少弯路,但这也都是企业发展壮大过程中难以避免的。

基于以上我所经历的关于企业使用OKR管理工具的情况,结合目前市场上人们对OKR管理工具的评价,便有了这本《一本书读懂OKR》。在本书中,我详细介绍了OKR的特性和实施路径、实施过程中的关注点、实施过程中可能遇到的风险以及如何规避等,意在让所有想使用OKR管理工具进行目标管理的组织和管理者对OKR有一个透彻、充分的了解。OKR在促进组织绩效、目标管理和绩效管理等方面有清晰的辨识度和自身的独特性,其可以从企业战略的高度、运营的维度、组织的效度和员工的自主度等方面入手,来帮助企业对齐战略目标、提高沟通效率、降低管理成本、增强员工的主观能动性,从而达到助推企业健康发展的目的。

对即将实践OKR的企业来说,本书可以提供全面的可操作性的指导,让企业高效地掌握和运用OKR;对已经实施了OKR的企业来说,通过阅读本书可以让企业进一步检视OKR运行的有效性,从而确保企业走在组织绩效提升的正确轨道上。

本书分为4个部分8个章节,第一部分包含第一、二章,着重介绍OKR是什么和为什么要用OKR管理工具,以及OKR能给企业或个人带来什么好处。在该部分中,我力求让读者理解OKR理念及其背后的逻辑。第二部分包括第三、第四、第五章。这是本书的主干部分,着重介绍了OKR的实施路径、OKR有效实施六步法、OKR的长效机制——复盘。第三部分包括第六章和第七章。在该部分中,我结合我国中小民营企业的实际情况，介绍了企业导入和实施 OKR 容易踩的"坑"，以及避免踩"坑"的正确策略和方法，希望给运用 OKR 的企业提个醒，让它们可以少走些弯路。第四部分用一章的内容介绍了国内外知名企业成功实施 OKR 的案例。这些案例的资料主要来源于专业论坛上业内嘉宾的分享和媒体公开信息，旨在帮助企业管理者和企业老板更深入地理解 OKR 在各企业的不同用法及其在企业管理变革中的价值。

徐晓蓉

2022 年 10 月

目 录

第一部分　OKR是什么，为什么用它

第一章　OKR的前世今生 / 2

OKR 的起源与构建 / 2

OKR 的核心思想：力出一孔，借事修人 / 6

OKR 理念的四个思维 / 11

OKR 的层次结构和时间周期 / 17

第二章　OKR于组织及于个人的意义 / 21

OKR 目标带领上下同心看蓝图 / 21

OKR 对齐目标，推倒部门墙，促进跨部门合作 / 25

OKR 是"我想要做"，KPI 是"我应该做" / 26

OKR 目标牵引，促进员工快速成长 / 31

第二部分　OKR怎么用

第三章　设计OKR实施路径 / 36

制定 OKR 目标要用心法 / 36

透视 KR 本质，认识并明确 KR / 45

确保战略聚焦 / 47

推进执行，关键在人 / 51

回顾总结，保持灵动 / 62

第四章　OKR有效实施六步法 / 66

变革思维 / 66

前期准备 / 73

目标链路 / 80

闭环管理 / 84

信息共享 / 88

成就激励 / 90

第五章　OKR的长效机制——复盘 / 93

重识复盘 / 93

公司 OKR 复盘 / 99

团队 OKR 复盘 / 103

个人 OKR 复盘 / 115

第三部分　应用OKR要注意什么

第六章　OKR有哪些常见的"坑" / 122

对 OKR 的认知不足 / 122

忽视了员工的内在动机 / 138

设置多个目标且不聚焦 / 145

实施过程缺乏闭环管理 / 147

缺乏对员工进行必要的培训 / 148

未能建立协同的文化机制 / 153

第七章 避免踩"坑"的正确"姿势" / 154

将"推动 OKR 落地"放在 CEO 的 OKR 里 / 154

用靠谱的目标激励员工 / 158

OKR 培训从中层管理者入手 / 160

让 OKR 成为跨部门合作的纽带 / 164

营造协作的团队氛围 / 167

第四部分 哪些最佳实践可以学习

第八章 OKR成功案例解析 / 178

百度的 OKR 风暴 / 178

华为是这样从 KPI 到 OKR 的 / 183

字节跳动用 OKR 管理员工 / 185

后 记 / 189

参考文献 / 191

第一部分
OKR是什么,为什么用它

第一章　OKR的前世今生

把简单的事情考虑得很复杂，可以发现新领域；把复杂的现象看得很简单，可以发现新规律。

——牛顿

OKR的起源与构建

说起OKR的起源，就不得不提起影响了管理研究和管理实践领域大半个世纪、被誉为"管理学之父"的彼得·德鲁克了。20世纪50年代，彼得·德鲁克发现了人性的一个基本特点，就是人们在为自己行动路线的选择做出了贡献时就更加希望看到它的实现。由此而想到了一个全新的管理理念，就是管理者需要制定出一个能"充分发挥个人能力和责任感的管理原则，协调个人和共同目标的和谐一致"。1954年，在其《管理的实践》一书中，用"目标管理与自我控制"一个章节详细阐述了他的这个管理思想，也就是管理学界众所周知的、被称为"MBO"的目标管理。

德鲁克在《管理的实践》一书中，用三个石匠的故事来比喻不同管理者对目标的不同层次的认知。他说，在企业管理会议上，大家都喜欢讲这样一个故事。一个路人看到三个石匠正在干活儿,当路人分别问这三个石匠在做什么时,第一个石匠回答"我在养家糊口",第二个石匠回答"我在做全国最好的石匠活儿",第三个石匠仰望天空,眼里放光地回答"我在建一座大教堂"。德鲁克认为,从这三个石匠的回答,可以洞察管理者对目标的认知边界。第一个石匠只关注眼前干一天活儿拿一天工资,他的目标是以自己一天的劳力换取一天的报酬,与其他人和所在的组织无关,显然不是个管理者;第三个石匠聚焦在更鼓舞人心的长期目标和美好愿景上,毫无疑问是一个真正的管理者。但是,像第三个石匠这样的管理者并不多。真正让德鲁克感兴趣的是第二个石匠,因为这个石匠最关注的是专业技艺的提升,即成为全国最好的石匠(见图1-1)。

图1-1 对目标的不同认知

企业中那些做出业绩的,往往正是像第二个石匠的专业人才,他们既不像普通的员工那样只为养家糊口而不去精于提升技能,也不像第三个石匠那样有远大理想、追求工匠精神,他们是有专业技能的人员。企业的中层管理者很多也是从这些有专业能力并掌握着技术，同时有能力把工作干好的人当中提拔起来的。大多数企业会重视这样的专业人才，会把更多的待遇与福利给予这样的人。但是，德鲁克认为，这里存在一个风险，就是当这类管理者把更多的精力聚焦在自己的专业技艺提升上面时，可能会把企业的利益放在一边，也就是说，他个人以及所领导的团队的目标都有可能偏离企业组织所设定的目标。

在《管理的实践》一书中，德鲁克强调了管理者的目标应该是什么。他说："从'大老板'到工厂领班或高级职员，每位管理者都需要有明确的目标，而且，必须在目标中列出所管辖单位应该达到的绩效，说明他和他的单位应该有什么贡献，才能协助其他单位达成目标。与此同时，目标中还应指出管理者期望其他单位做哪些贡献，以协助他们实现目标。也就是说，目标从一开始就应该强调团队合作和团队成果。"管理者的目标应当立足于企业整体目标。

深得彼得·德鲁克目标管理思想影响的安迪·格鲁夫是英特尔三剑客之一。1971年，格鲁夫以德鲁克的MBO管理思想为源点，在英特尔管理创新实验室里开发出"英特尔公司的目标管理系统"，并将其命名为iMBOs。这套系统在实际操作过程中基于MBO又做了很大的升级迭代，更加关注目标和关键结果的结合，即除了目标以外，更加关注关键结果的设定和控制。另外，iMBOs还有一个最大的独创性贡献，就是把制造业的生产原则应用到"软件职业"中。在制造业很容易将员工的产出与生产活动区分开，就像我们现在说的计件制一样，但是对于知识型员工，却很难量化和衡量其产出和直接的价值。为此，格鲁夫就在"如何定义和量化知识工作者的产出"这个点上让 iMBOs 相较于 MBO 有了很大的突破。当时，跟随格鲁夫工作多年，并致力于推广独创性管理方法的约翰·杜尔提出，为避免该管理方法与目标管理混淆，将其正式命名为 OKR，就是目标与关键结果（Objectives and Key Results）的简称，从此 OKR 正式诞生。

诞生于英特尔的 OKR，最先在英特尔公司全面推开，时任英特尔副总裁的格鲁夫通过坚定不移地推行 OKR 这套管理工具和方法，使英特尔在随后的很长一段时间获得了持续骄人的业绩和市场表现。

与格鲁夫一起致力于推动 OKR 的约翰·杜尔也是一位风险投资家。2000 年，他到硅谷考察项目。他在硅谷发现谷歌这个刚刚成立的公司，有着一群非常优秀的年轻人，在技术上可谓是天才，但是在管理上还是个新手。于是，他把 OKR 这个管理工具介绍给谷歌的两位创始人，自此，谷歌开始用 OKR 来帮助企业进行目标管理。谷歌对 OKR 的成功应用让 OKR 名声大噪，使 OKR 应用进入硅谷的创新企业，继而走出美国、走向世界。如今，OKR 已成为美国谷歌、亚马逊等头部企业重要的目标管理工具，我国的华为、百度、字节跳动、小米等多家企业也在应用 OKR 助力企业走向成功。

那么，正在为如何提升企业业绩，或者正在为如何衡量组织绩效烦恼的你，是时候来了解一下 OKR，甚至可以大胆地推行 OKR 了。让我们通过 OKR "一张图"一起找到影响你企业发展最重要的目标和关键结果，并最终实现它！

OKR的核心思想：力出一孔，借事修人

上一节介绍了OKR的起源与发展，这一节将阐述OKR的核心思想是什么，使我们在用一个管理工具时知道为什么会选择它，不但知其然，也知其所以然。

OKR的四个最主要的特点分别是：聚焦、透明、协同和挑战。

聚焦。主要是强调目标要集中，不能太多，支撑目标的关键结果也不能太多，正所谓少就是多，如果什么都想要，等于什么都抓不住。

透明。什么事都要摆在明面上来商讨。我们在管理实践中，经常碰到的现象是大家在一起开会时，每个部门的负责人都一本正经地汇报自己部门的工作，一旦涉及其他部门的事情，要不剑拔弩张，要不就都不捅破，一个职场理性的场所常常被各种情绪笼罩，缺少了透明的文化和载体。有了OKR这个目标管理的工具载体，各部门可以就事论事，彼此不带情绪，理性地碰撞和讨论。比如，某公司有块白板，大家把各自的想法和意见写到上面，避免"部门墙"。另外，由于目标透明，在实施路径上也可以清晰地看到路径中有哪些卡点，如果目标实现不顺利就知道卡在哪里了，哪个部门或哪个负责人没有完成目标一目了然，减少了推卸责任的可能性，从而提高公司的运营效率。

协同。在信息透明和共享之后，部门之间会有更多的协作。比如，

OKR把公司的总体目标作为大家共同的目标，在实现目标过程中可能会出现某个短板，这个时候，为了总体目标的实现，部门之间必须协作才能克服短板，催生出一种"生死与共"的团队协作精神。

挑战。它是OKR非常有辨识度的一个特点，在如此变幻莫测的时代，企业面临很多不确定因素，每天都面临着各种挑战。设立挑战性的目标是为了更好地预知未来和拥抱未来，增强企业的抗风险能力，同时，也是激发员工主观能动性的有效激励。

从以上四个特点可以看出，聚焦和透明是讲目标和关键结果的事情，协同则转向人，最后挑战把目标和人紧紧地联结在一起。所以OKR的核心思想是对齐目标"力出一孔，借事修人"。即OKR通过将目标与关键结果有机地联结，用可视化的方法不断激发人的内在动机，从而跟踪目标如何完成，并促进目标完成的一套管理工具和方法论。

对照OKR的四个特点将OKR拆解来看，首先是目标（O）的设定，OKR强调目标要聚焦，目标不可以多，只能聚焦1~3个。那么，OKR的目标设定，就要求一定是企业最重要的、与企业发展战略相关的目标。比如，一家企业的发展战略是扩大经营规模，计划来年新开1家门店。由于这两年外部市场竞争激烈，企业内部中层管理干部人才梯队还没有完全搭建起来，基层人员流失率高，开1家新店对这家企业来说面临一些困难。但是，如果不开新店，原来的市场就会被竞争对手占领，所以开新店这个目标充满挑战，企业决定将其设为企业的一个OKR目标，显然目标可以来自决策层的决定。接着，对开新店的目标要用5W2H进一步清晰和明确：任务是什么（What）？为什么（Why）？何时（When）？在哪里

（Where）？主要负责人是谁（Who）？如何做（How）？预算是多少（How much）？

其次要分析并设定什么样的关键结果（KR），可以表示开新店的目标已经达成。比如，设备调试完成、人员到位、投入试运营。

对照OKR的第二个特点就是，需要公开透明。透明不仅指把明确的目标和关键结果告知团队，而是在清晰和明确目标，以及设定关键结果时就要邀请企业与目标相关的核心关键人员共同参与、一起讨论，倾听大家的声音，面对困难和挑战，面向未来共创和共识。这是体现OKR核心思想非常重要的部分，也是必须经过的过程。只有在核心关键人员对OKR达成了共识之后，才能将关键结果（KR）作为下一层级单位的目标继续分解。比如，把设备调试完成作为综合行政部的目标，人员到位是人力资源部的目标，投入试运营作为新店经营班子的目标。而这些主责部门的目标又可能涉及其他相关部门，比如财务、采购、经营部，等等。这样一来，一个开新店的目标，就会分解到企业的相关部门，一层层往下分解直到个人。

对齐企业OKR，每个个体都按各自分配的小目标去努力执行，并在执行的过程中不断沟通协调、对齐目标。当所有的人都围绕着目标去推进自己的工作时，就好像是"事在管人"，而不是"人在管事"。这样才能体现真正的协同。

制定清晰的目标（O）和公开透明的沟通、共识关键结果（KR）的过程是OKR的思想精髓。如果借用美国心理学家马斯洛的需求层次理论来分析，这个过程满足了人的基本内在需求。

马斯洛的需求层次理论，分为生理需求、安全需求、社会归属需求、尊重需求和自我价值实现的需求。

设定具有挑战性的目标，通过对关键结果及分级目标的沟通、共识、共创过程，让团队成员有了被尊重的感觉，自己的声音能够被企业决策层听到，甚至部分参与决策的过程，充分满足了被尊重的需求。清晰的团队共同目标，让团队成员有了团队归属感，知道自己是属于这个团队的，不仅有了身份认同，也知道自己是在做什么、自己的价值会给团队带来什么贡献，清楚自己与其他团队成员之间如何相互配合支持，从而提升协作效率。正如华为主要创始人任正非所说的"力出一孔"。

OKR的目标中的"O"是基于公司发展战略来制定的，而"KR"是在企业全体人员认同所在企业、认同企业发展的基础上设定的目标，自发地设定并完成目标的关键结果。对于这些关键结果的设定，由于有了对企业目标的认同，关键结果就不是来自外部力量的驱使，而是来自身处企业的员工发自内心的需求。这种需求不是被迫的，因为每个人都希望对自己所做的事有选择的自由，希望自己能够掌控环境、胜任工作，希望归属于某一个群体，希望自己的价值能够被人认同并实现自我价值。

这是OKR最独特的地方。OKR不是单纯的MBO目标分解管理，也不是KPI的目标考核管理，而是在MBO和KPI基础上的迭代改进，更多地融入了人的因素，还原了管理的本质，即事情是需要人去做的。管理是经由他人的努力来完成组织的共同目标，如果没有人的因素，那再好的工具和方法论都显得苍白无力。所以说，OKR的核心思想中也包含了"借事修人"。

OKR的借事修人特征不但体现在设定OKR的阶段，还充分体现在OKR的实施过程和OKR完成结果的应用两个方面。

在实施OKR过程中，特别强调所有与目标相关的人需要定期沟通。比如，每周进行沟通，以此来评估大家对完成任务的信心指数，共创具有创新意义的实施路径，适当修正实施路径，合力协同作战。在此过程中的沟通，一定会暴露出各种人性面的特点，比如有人以缺乏资源为由延误工期，有人推卸责任，总是找他人的原因为自己没有及时完成工作而推脱，等等。这就需要目标总负责人此时引导大家回看当初大家共识的那个闪闪发光的目标，这个目标是如何体现公司使命和愿景的，为了这个目标的实现，我们每个人将会怎样激发大家的内驱力和主观能动性，把大家带回到努力完成目标的正确道路上。这是每个人进行修炼如何坚持目标、坚韧、信任、付出等内在领导力的最好时机。所以，很多用OKR进行目标管理的企业，其部门协同和创新思维均会有明显提升。

OKR在完成结果的应用上。从格鲁夫开发OKR作为知识型员工的目标管理开始，就提倡不要将其与薪酬奖金硬挂钩。因为OKR中的"O"鼓励设立面向未来的、有挑战的目标，如果是与薪酬奖金挂钩，则意味着完不成任务时就不能拿到相应的报酬。明知道是一个完不成的任务，也没有任何利益时，这个目标还有谁会有信心或有兴趣去完成呢？所以OKR的完成度不要求100%，而是要求团队尽全力去完成。谷歌的评估方法是完成度在0.4~0.8之间是最好的目标，如果完成度过高，说明目标缺乏挑战性，而完成度过低，则可能设立了一个无法企及的目标，会挫伤大家的积极性。还以上面开新店的案例举例。企业决策层了解到，由于选址和牌照申领以及管理团队到位,按照正常速度去做的话,需要到10月初能完成,所以在定完成时间节点时引导大家往前赶时间,实际是在8月中旬即开始投入运营。通过OKR目标的牵引,新店抢回了近2个月的时间。商场如战场,时机就是商机,虽然开业只提前了近2个月的时间,但是,对企业的市场占有率、品牌宣传度等都起到了积极的推动作用。

另外一点,就是OKR的完成度不建议与薪酬奖金直接挂钩,完成OKR的即时奖励更多来自工作本身给员工带来的成就感和价值感。至于长期奖励,则是员工成长与企业发展共赢所带来的收益。

OKR理念的四个思维

要想让OKR管理方法在企业落地,并体现OKR的核心思想,就要了解OKR的底层思维逻辑,即聚焦思维、协同思维、敏捷思维和成长思维。

1. 聚焦思维

彼得·德鲁克说:"有效的管理者坚持把重要的事放在前面做,每次只做好一件事。"在这个世界上,资源是有限的,没有一个人或者一个企业可以做所有的事情,聚焦是企业运营立于不败之地的关键。

什么是聚焦?就是选择最优先处理的,并可以对整体产生推动或者决定性作用的事情去做。

任正非曾说:"水和空气是世界上最温柔的东西,因此人们常常赞美水性、清风。但大家又都知道,同样是温柔的东西,火箭是空气推动的,火箭燃烧后的高速气体通过一个叫拉法尔喷管的小孔排出，扩散出来的气流产生巨大的推力，可以把人类推向宇宙。像美人一样的水，一旦在高压下从一个小孔中喷出来，就可以用于切割钢板。可见力出一孔，其威力之大。"

所谓水滴石穿也是这个道理。只有聚焦，才能集中资源把事情做好。

20世纪90年代初，以多元化起步的万科曾经在进出口、零售、投资、房地产、饮料、电器工程、机加工、影视等十几大类行业做得风生水起，并成功上市。就在1993年，当时的万科发展势头正猛，可谓遍地开花时，掌舵人王石异常冷静，于当年提出了以房地产为主业的战略决策，而且，在1994年，进一步聚焦到以城市中档居民住宅为主。在投资地域上，也一度重点经营京、津、沪、深四个主要城市。

在万科"做减法"的过程中，不仅剥离和销售不赚钱的业务，也剥离当时还在赚钱的业务，如饮料和机加工业务。目标就是一个，把企业在房地产领域做强再做大。如今的万科集团，已成为房地产行业的一颗璀璨明珠。

无论是从理论还是从实践，都证明了企业经营和发展需要聚焦，企业目标聚焦，组织的人力、财力、物力等资源才能聚焦，资源的价值才能实现最大化。

OKR要求的聚焦，必须是企业战略的选择，是组织目标的聚焦，是企业作为一个整体在发展进程中所应达到的目标。德鲁克指出："管理者的目标，必须要反映出企业需要达到的整体目标，而不只是反映个别管理者的需求。"对OKR的目标，安迪·格鲁夫说："这些精心选定的目标传递出一个明确的信息，它们告诉我们需要做什么和不做什么。"美国营销大师特劳特在研究定位理论时发现，人们的心智讨厌复杂，喜欢简单。所以少量的精心选择的目标，可以让人们的记忆更深刻。

2. 协同思维

在 OKR 体系中强调协同思维。在组织的目标 O 到关键结果 KR 之间，即从目标转向计划和执行环节上时，就会出现"任务"。我们每一个人，无论是管理者还是员工，每天都可以看到自己的任务与企业的远景战略连接的那根线，这就是我们所说的在 OKR 系统中的协同。

对于很多没有用 OKR 作为管理工具的企业，企业目标挂得很高，员工每天的任务就是完成职责范围内看得见的眼前的任务。每个管理者或是每个员工，在大多数时候，只会按照自己的理解去工作，不会想到为了共同的目标去协同合作。当部门与部门之间、员工与员工之间需要协同时，"部门墙"就会出现，大大小小的冲突每天都有。

还有不少企业虽然引进了 OKR 工作法，但是实施过程沿用了 KPI 的考核体系，一旦到了季度、半年度和年度绩效回顾时，每个部门想的是本部门形式上的 OKR，是实质上的 KPI 指标，不会去想别的部门的 OKR 和企业的 OKR，这样根本谈不上协同。

OKR 的实施过程，旨在帮助企业打通上下游进行协同，尤其是提高企业中层管理者协同的意识和协同的能力。

我们经常把企业的中层比喻为企业的"腰部"，中层干部起着承上启下的作用，具体地说，就是要上下对焦、左右对齐。比如，高层负责制定企业的发展战略，并把战略向中层传递，这个传递的过程也是战略共识的过程，战略共识包含着对战略内容的共识、对战略实施路径的共识，路径中又包含战略实施的具体策略。所以，中层管理者不仅要对企业战略有深刻的理解，而且，要对战略实施路径有系统、全面的认知，通过协同可以助力中层管理者在战略实施过程中发挥价值。

对焦着同一个OKR目标的3~4个关键结果可能涉及不同的职能部门，这就要求必须上下对齐、左右协同。

过去，企业制定目标，更多的是自上而下地进行分解，是指令和控制。虽然有些企业也会走自下而上沟通的流程，但是自上而下的下达在很多时候，实施者并没有太多的话语权。

我们见过不少企业在每年下达指标的时候，很像是在博弈。上面希望把目标压下去，下面顶着压力与上级讨价还价，部门与部门之间很少设计协同指标，更缺少对责任者内心想法的关注和重视。

其实，有一个简单的道理大家都知道，无论是大的战略目标还是小的个人任务目标，都是事在人为，尤其是一线员工。他们离客户最近，所谓的听得到炮火声音的人，说的就是一线员工。

如果我们在设定目标以及设定完成目标的路径时不去聆听基层一线员工的声音，那就有可能使所制定的策略和行动计划脱离了实际情况，无法起到预期的效果。所以，重视目标责任者内心的真实想法，并邀请目标责任者一起设计目标实施路径，会使责任者形成内心承诺，有了这个承诺做基础在实施过程中才能实现真正的协同。

用OKR进行目标管理，可以将协同思维贯穿在战略实施过程中，实现上下同心、共同努力，通过对内和对外的协同提升组织的整体绩效。

3. 敏捷思维

《如何成为更聪明的人》一书对敏捷思维有个定义，即敏捷思维是在以批判性思维去分析现有问题和观点的基础上，提出新想法并投入实践，再进行自我反思和评估调整，最后，在充满不确定性的现实环境中做出决定、解决问题。

在企业运用OKR的实践中，由于目标具有挑战性，所以实施过程中总是会遇到各种问题和障碍。此时，需要有敏捷思维，用批判性思维去分析问题，用多视角且以创新方法尝试去解决问题，并进行自我反思和评估，才能使实施结果越来越接近我们希望看到的结果。

这里举个例子来说明，实施OKR过程中为什么要用敏捷思维。某健康管理公司用OKR进行目标管理，市场部设定了一个拉新目标，并制定了相应的4个KR关键结果：（1）3个月拉新数量达5000人；（2）公众号每周推文1~2篇；（3）开通2个抖音账号、1个视频账号，且每天上新；（4）直播10场。

市场部一共有5人，其中，经理1人，有2人分别负责公众号和视频号运营，另外2人负责2个抖音账号运营。所有拉新的宣传内容素材需要自己去收集、整理、创作，宣传形式需要去策划。公众号、视频号和抖音的受众不同，虽然内容相同，但是创作的形式需求有所不同，这就需要市场部的5位小伙伴不断进行思维碰撞，每周召开会议。直播是拉新比较快捷、直观的方式，视频号、抖音号都可以做直播，那么两组人如何能共享资源，尤其是当冲突时以什么为原则解决冲突、快速做出反应？这时就需要大家以达成3个月拉新5000人的目标为原则，用敏捷的思维，从不同视角群策群力，将部门整体利益放在首位，放下小我，这样大家才能拧成一股绳冲向目标。

4. 成长思维

设定OKR目标越具有挑战性，所发挥的目标牵引力就越强，越能挖掘我们跨越不可能的潜能。挑战性目标对组织和个人来说都有其重大的意义。对组织而言，挑战必然带来改变、创新和突破，只要有创新和突破，组织就会有活力并可持续发展；对个人而言，挑战能促使我们走出舒适区，超越能力边界，不断成长。

在实现目标的过程中，如果能够完成具有挑战性的任务，无疑对于个人能力和思维认知都是一次成长和突破。那么，怎样才能面对挑战不退缩，敢于迎接挑战并克服挑战呢？答案只有一个，就是培养成长型思维。

斯坦福大学心理学教授卡罗尔·德韦克博士提出，人的思维模式影响人的行为，影响人的个性，甚至影响人的一生。思维模式有两种，一种是固定型思维模式，另一种是成长型思维模式。她认为，具备固定型思维的人遇到挑战时会避免挑战，因而害怕失败；做事情遇到阻碍时容易放弃，认为人是很难通过学习而改变的，努力是不会有结果的；面对批评时一蹶不振，容易陷入沮丧和悲观的情绪中；看到他人成功时可能产生嫉妒和感受到威胁。另一种是成长型思维的人，他们喜欢拥抱挑战，坚持不懈地做事，相信努力一定会成功，认为批评也是进步的机会，善于从他人的成功中获得经验和灵感。

全球心流体验专家史蒂芬·科特勒在《跨越不可能》一书中，也引用了卡罗尔博士关于成长型思维的观点。他说："如果你的思维是固定型的，那就意味着你相信天赋是与生俱来的，即使再多的练习也不会帮助你提升；如果你的思维是成长型的，则意味着你相信天赋只是一个起点，练习会让一切变得不同。"

心理学家的研究告诉我们，成长型思维能够帮助我们应对挑战，战胜挑战。所以，在使用OKR的过程中，具备成长型思维将使我们事半功倍。

OKR的层次结构和时间周期

企业在应用OKR进行目标管理时，从目标主体的层次上来说，它与传统的目标管理大致相同，一般分为三个层次，分别是企业层级OKR、部门层级OKR和个人层级OKR。

第一个层次——企业层级OKR，设置时要时刻谨记聚焦思维，围绕企业发展战略确定公司的OKR目标，聚焦重点。

第二个层次——部门层级OKR，一般是承接和分解企业的整体目标，并结合部门职能，确定工作任务的优先级而设立。部门层级OKR目标不是企业层级OKR的简单拆分，也不是个人层级OKR的简单汇总，而是从部门在企业总体目标的战略定位和价值贡献的角度去思考并确定出来的，这与传统的MBO的目标分解有很大的不同。

第三个层次——个人层级OKR，明确在部门层级OKR中个人所需要承担的责任和任务，知道自己该做什么，以及在何时需要交付什么，这是OKR的神经末梢部分。OKR通过这个部分让制定者和执行者获得体感和反馈，不断创新方法和调整策略去努力达成目标。

之所以有三个层次，是因为OKR这个管理工具强调整体性和系统性，任何一个OKR都不是孤立的状态，而是环环相扣的。

企业层级OKR。它阐述的是企业的核心任务和预期，明确企业的使命、愿景和战略。设计并展示企业层级OKR，这一步非常关键，因为所有层级的OKR都必须与企业的总体战略相一致。因此，高管团队必须首先将企业的发展战略及核心任务梳理清楚，其次在此基础上制定企业在未来一个时期内将要实现的目标和关键结果。企业层级OKR确定后，应该在企业管理层做沟通和共识，确保组织中间层的管理干部理解公司的战略意图，共同策划战略实施路径，将企业层级OKR顺利分解到部门层级。企业层级关键结果KR有的就成为部门层级OKR的目标O。

部门层级OKR。它主要是描述各个业务单元和下属团队的工作目标和预期关键结果。部门负责人或业务单元经理需要根据企业战略和企业层级OKR目标，评估部门或业务团队能够为实现企业目标做出哪些贡献，并据此设置部门层级OKR。部门目标与关键结果设置好后，要往下传达到员工层面，此时部门负责人要组织团队员工一起对企业层级OKR和部门层级OKR进行宣导，理解企业层级OKR连接企业愿景、使命的意义，部门层级OKR承接战略及其对企业层级OKR的贡献和价值。

个人层级OKR。它主要体现员工承接部门层级OKR所要完成的工作目标和预期达到的关键结果。作为承接企业层级OKR、部门层级OKR的第三层级，部门负责人要与每个员工充分沟通，不仅要对OKR本身的意义及完成的价值进行沟通，还要结合在OKR实施过程中的个人成长进行探索和交流，让员工感受到自己不仅是部门的一分子，也是企业的一分子，自己的任何行为表现和每一分努力都将影响到部门的绩效和企业的组织绩效，从而激发员工的荣誉感。

在OKR的三个层级分解中，每个层级的OKR都是承接上一层级的OKR，最终所有的OKR都必将与企业战略目标和使命愿景相互对齐，从而有效地将企业内所有员工聚焦在同一方向上，为企业的核心战略目标贡献自己的力量。

为此，当三个层级的OKR制定后，要在公司范围内进行宣讲和公示，目的是让每个员工看到全公司是一张版图，所有部门和个人的OKR都指向公司的总体OKR。

OKR确定了内容后，还有一个重要的因素就是确定目标实施周期。那么，公司、部门、个人这三个层级设置怎样的周期是比较科学的呢？

OKR的周期，根据不同企业需求设置。比如创业型公司，在创业初期业务尚不成熟时，希望有目标做牵引，而且，目标可能会不断做调整，建议OKR周期设置要短，如设置一个季度的OKR。

如果企业已进入稳定发展期，企业目标可以年为周期来规划，建议设置以年度为一个实施周期的企业层级OKR。即使以年度为周期设置，也建议将年度OKR分解到季度，即设置季度OKR，便于每个季度做复盘回顾，必要时做相应的调整。

不管OKR的周期是年度、季度甚至是月度，在运用OKR时，以团队为单元召开每周OKR实施进度复盘会为宜，以便检视OKR完成的情况，对未完成的任务目标进行信心指数的评估，对每个人所承担的任务进行分析。

　　这个过程要求团队成员互相提醒，用敏捷思维进行交流。如果有人未能如期完成任务，当事人多从自我角度进行反思，或者是邀请团队成员出谋划策，帮助自己改善进步。如果有人的目标完成情况超出预期，则请其总结经验，分享给团队成员，大家取长补短。总之，每周以共同的OKR为载体进行开放、坦诚的交流，形成充分交流的场域，确保上下达成共识。只有目标统一、想法一致的时候，才能激发出每个人的创造力，使个体不断超越自我，完成目标。

第二章　OKR于组织及于个人的意义

最有价值的知识是关于方法的知识。

——笛卡尔

OKR目标带领上下同心看蓝图

举凡在企业组织内工作的人都有这样的体会，企业会建立一套文化价值观体系，希望得到全体员工的认同，并在工作中体现价值观要求的行为规范。比如诚信、责任、合作、创新、效率，等等。很多公司都喜欢把这些价值观贴在会议室的墙上，或是在公司进门最显眼的地方。

在我们走访了很多企业，也深入企业进行服务后发现，这些价值观真的只是写在纸上、贴在墙上而已，员工的行为表现并没有体现出来。笔者曾经服务过一家企业，该企业的核心价值观非常强调合作。但是企业高层和我感叹说："企业有食堂，大家每天在一起吃饭，平时也经常搞团建活动。但是，当涉及部门合作的工作时，很小的事情都要到企业例会上讨论才能解决。其实，有的事情只要其中的一个部门稍微主动一丁点儿就可以解决了，就是差这一丁点儿的跨部门沟通，竟然成了公司的老大难问题。"

一家企业的企业文化绝不是用文字宣传就可以实现内化的，企业文化的植入和内化需要机制和方法。最佳实践证明，用OKR进行目标管理是提高文化凝聚力的方法之一，将"1+1<2"的情况通过OKR这个工具调动员工的主动性和积极性，激发员工对企业的认同感，为了自己的目标，也为了企业整体的目标，共同前进。

应用OKR工具，在提升组织绩效和文化凝聚力方面会有哪些具体收获呢？

1. 让企业所有成员保持目标一致

OKR作为一个目标管理工具，主要是通过设定目标进行框架搭建，让团队和个人快速与组织目标及企业OKR保持一致。通过全员上下有效沟通和协调，使每个层级的任务以及完成的关键结果都与企业的总体目标一致。

2. 让组织中的所有员工都有明确的方向感

基于明确的目标体系，每个员工都会清晰地知道自己工作职责范围的目标任务是什么、企业对员工的要求是什么、具体要如何去做，从而以最佳的状态和方式为实现企业的共同目标做出个人的贡献。

3. 打通了上下有效沟通的渠道

当企业制定了整体总目标时，管理层可以向下传达到团队层面，为每个团队分配目标，并解读和分享总目标与分目标之间的逻辑关系。基层员工也可以在执行目标的时候不断向上级主管反映进度和结果。避免由上到下单向下达指令造成的基层员工只能执行上级主管分配交代的任务，在执行过程中如果遇到困难，不敢也不愿意向上寻求资源和帮助。当不良结果出现时，为时已晚。

OKR让个人与团队实现互动。任何工作的成果不再是个人的成就，而是需要个人与团队进行互动，是团队成员之间分担责任，充分合作与协同的结果。这种灵活性和自由性给每个人带来了管理自己的表现和成就的责任感，也有利于让组织对各个层面进展进行实时跟踪，以此来衡量团队和个人实现结果的进展情况。

4. 通过数据进行详细分析

由于OKR目标设定以后，可以通过月度、季度或年度进行复盘和分析，因此，OKR在执行的过程中处于动态的进程。有的企业在应用OKR时会借助现有的办公软件来处理OKR的实施跟进数据，这样管理层可以在任何时间了解每个级别和每个任务的进展情况。

通过数据进行问题分析，不仅能够及时、快速地识别潜在的问题并修复它们，而且，OKR的数据框架和数据分析会帮助管理层验证以及判断组织是否在做正确的事情以产生预期的结果，并据此做出正确的战略决策，引导组织朝着理想的方向发展。

5. 提高团队凝聚力和增强企业文化

应用OKR工具不提倡个人成就。有人说："一个人可以走得很快，但一群人可以走得很远。"OKR工具强调团队合作，团队的目标远比个人层面的成就和目标重要。只有当个人作为一个团队成员与大家一起工作，了解他们的相互依存关系并协同工作时，才能实现最佳的团队成果。

OKR工具的使用，体现在组织为员工营造一个不断进取、有人帮助、共同进步的工作氛围，让组织中的每个人都自愿参与到团队中，为团队的共同目标努力而感到自豪和有集体荣誉感。员工也都想方设法让自己的工作产生有意义的结果，不断设定新的目标，并努力超越它们，从而提高效率、绩效和生产力。这种目标设定和目标实现不断循环的过程，逐渐建立起了一种高绩效文化。

6. 让组织更具战略高度

企业的经营发展如同打一场硬仗。阿里巴巴高管曾经说，要打胜仗必须有一张图和一群人，这张图就是战略地图。OKR的目标设定和分解过程就像一家企业在某个特殊时期的战略地图。

OKR目标，必须确保每个关键结果与组织的总体目标相关联。个人和团队发布的每一次更新信息，都会自动地连接到组织目标的集体进度蓝图上。OKR实施进度总的动态图，可以帮助管理层可视化每个结果如何与组织的整体进展相关联，并及时做出相应的决策。就像战争年代打仗时，指挥部的总司令及部下们在战略地图前不断地分析敌我双方的兵力和前线的情况一样。OKR实施进展蓝图，将会揭示组织各个层面的进展、存在的挑战、距离目标的差距和不足。这样管理决策层就会在更高的战略层面调动和协调资源，将资源分配到能够带来更好结果的、最需要的地方。同时，以横向对齐的方式连接每个团队，鼓励这些团队通过彼此的合作进行高效沟通和协同，以实现各自的目标，最终完成组织的总体目标。

OKR对齐目标，推倒部门墙，促进跨部门合作

任何组织在引用OKR进行目标管理时，一般是企业决策层根据企业的战略目标确定企业层面的目标，即企业大目标。企业大目标一般不超过3个。根据企业的大目标，会制定相应的实现大目标后的衡量目标，以及是否能实现的关键结果。关键结果需要企业不同部门来承接。这些关键结果可能是上下游的关系，也可能是平行的关系。如果是上下游的关系，一旦上游部门的KR没有完成就会影响到下游部门，那么势必会影响企业大目标的达成。所以，各部门必须精诚合作、互相支持，才能实现组织共同的目标。

举个例子，某公司制定的2023年的OKR目标是公司要扩大规模效应，提高本省市场覆盖率。那么KR1是总部以外的其他城市要开5家分部，KR2是分部的市场覆盖率要提升20%。该公司开5家分部的工作会分解到行政管理部、医务部、人力资源部、市场部、客户运营部。行政管理部负责寻找合适的店面地址、筹办开店的所有工商税务手续、进行商务谈判等工作；医务部负责体检运营，管理操作标准和操作流程；人力资源部负责组织架构设计、人员招募，制定人力资源管理制度和开展流程培训；市场部负责品牌形象策划、制作、宣传等；客户运营部负责客户数据库的挖掘和潜在客户的拜访等。任何一个部门的工作未能在计划的时间内

完成，分部就无法开业。那么，这些部门必须定期一起对齐各项工作的进度，群策群力攻坚克难，才能共同完成公司的大目标。因此，OKR就像一辆无形的坦克一样，将部门墙推倒，促进跨部门合作。

OKR是"我想要做"，KPI是"我应该做"

有人说OKR和KPI有着天壤之别，也有人说OKR与KPI一样都是绩效管理工具。有些企业用KPI进行绩效管理非常成功，也有些企业应用OKR特别有效。二者究竟有什么区别呢？

KPI是绩效管理中绩效计划的重要组成部分。绩效管理是企业为了完成企业总体业绩目标，并希望在完成目标过程中，能客观地衡量每个员工的表现和贡献度，进而进行对应的奖惩的一种人力资源管理职能。

绩效管理是由绩效计划的制订、绩效实施和辅导、绩效考核、绩效考核结果的应用4个部分组成的管理闭环。在绩效管理这个闭环中，最重要的是绩效计划的制订和绩效考核。很多企业把绩效考核作为管理员工的撒手锏，但是却屡屡失败，其真正的原因是没有从源头，即绩效计划的制订抓起。

绩效计划的制订，就是将企业的业绩目标层层分解到部门业绩目标和个人业绩目标。这个过程一般是自上而下地进行业绩目标的分解，其内容包括任务目标和职能目标。但是作为绩效计划的业绩目标，一般要求符合二八原理，即所制定的业绩目标一定是部门或个人对组织业绩贡献最大的

20%的关键行为指标，所以称之为关键绩效指标（KPI）。

在绩效管理中所制定的KPI必须符合SMART原则，即Specific具体的、Measurable可衡量的、Attainable可达到的、Relevant相关的、Time-bound有时间节点的。所以有不少业内人士把可量化的、可衡量的业绩目标都称为KPI。

美国著名的通用电气公司（GE）是21世纪初实施绩效管理应用KPI的成功典范，无论是在设置KPI，还是根据绩效考评后的员工分布矩阵所做的人事决策，都堪称是众多企业学习的经典。直到今天，仍有不少大型制造企业学习GE用KPI进行绩效管理，也取得了不俗的效果。

以上是对KPI的简单介绍，下面来回答OKR与KPI有什么不同。无论是OKR，还是KPI，它们都是组织绩效和组织目标的管理工具。它们在管理目的、底层假设、关注点、考核指向4个方面有所不同。

1. 管理目的

OKR的管理目的是鼓励创新，激励员工走出舒适区，实现自我驱动。个人目标的实现，可能成为团队目标实现的先决条件，也可能有力驱动团队目标的实现。每一位员工都带着"自己也是老板"的意识，在感受到劳动喜悦的同时，自发地努力工作，从而激发员工的主人翁精神。另外，格鲁夫在开发OKR时，特别考虑到对知识型员工工作的激励方式和衡量标准。

知识型员工的工作需要更多的创意和创新，很难量化，所以OKR除了对从事可以标准和量化的员工进行目标管理外，还可以对知识型员工进行目标管理。KPI一般是在公司既定经营目标下的层层分解，大多数情况下，团队目标就是个人目标实现的总和。个人在实现目标的过程中，容易只盯着自己的"一亩三分地",而部门的业绩指标必须是清晰明确的,就如画好了的格子,每个部门和每个人都在规定的范围内工作和接受辅导。在实现目标的过程中,各部门需要的沟通和协调则通过定期召开绩效回顾会议来实现。

KPI的管理目的,旨在通过对目标实施过程进行管控,通过对企业战略目标的分解和对各部门、个人KPI的制定,确保全企业的目标管理走在可控并正确的轨道上,同时,实现对员工贡献的量化评估。

2.底层假设

OKR强调由员工自我设立目标和关键结果,鼓励一部分目标由员工自己来定。这样可以让员工对自己的工作更有掌控感,从而更好地进行自我管理。在制定目标时,可以用信心指数表示完成目标的信心。换句话说,OKR是内驱,是"我想要做"。

随着现代企业管理理论的快速发展和管理实践的不断进步,企业的人力资源管理越来越倾向于以人为本,这就要求企业培养和激发员工的主人翁意识。主人翁意识可以说是一种信仰,更是一种实践,它所蕴含的是员工对所在组织的一种肯定和认同,是一种责任和使命。让员工更有主人翁意识,是企业全体员工集体奋斗的思想基础。OKR的目标管理方法从"尊重人性"出发,让员工感受到自己参与计划、自己亲自经营的价值感,企业也尊重每个人的劳动价值。OKR的底层假设,体现了变革型领导的思想。

KPI的形态是总体目标的层层分解,并且是可量化、可衡量的目标。KPI的底层假设,是通过科学规范的管理工具将企业的目标和个人的目标绑定。首先,完成KPI是员工的职责所在,是作为每一个签订了劳动合同的员工应该做的。其次，员工只要付出劳动就可以获取报酬，而且可以多劳多得。通过KPI科学合理地对员工进行评估，并对评估结果有效利用，其本质上是一种交易型领导的管理思想。

3. 关注点

OKR的关注点聚焦在团队共同目标和团队协同上。任何人的任何目标，都对所有员工公开，每个人都可以看到企业里其他人的目标，上至CEO，下至一线员工。在实施OKR的过程中，团队需要经常共同检视结果，及时发现问题，激发团队成员的内在动力和集体智慧。

KPI偏重绩效计划实施中检查没有达成的原因，并进行及时的过程辅导。辅导方式强调主管和员工一对一的辅导，大范围的绩效回顾只有在较长的周期如半年度和年度才进行。

4. 考核指向

OKR考核以激励为主，不直接考核目标，奖则为主，罚则为辅，不罚或少罚。在过去的绩效管理考核中，管理理念偏重考核，一旦考核，员工与企业之间就有了对抗的气氛。因为要考核，员工总是希望把目标定得尽量低一些，这样更容易通过考核，使考核的成绩好看，自然奖金也会更高。而作为企业，为了发展需要和市场竞争的需要，一定希望把目标定得高远一点。这样企业和员工的内在诉求自然形成了一条鸿沟。

如果不直接考核员工，也不把目标完成情况与员工的薪酬直接挂钩，那员工在完成目标任务时，其心理状态就从恐惧转化为积极主动，由内而外地激发出工作的热情。回到底层假设就是"我想要干"。

以KPI为核心实施绩效管理的企业，大多数将KPI的考核结果作为奖金发放的依据。尤其是传统的制造业和服务业，当工作任务可以标准化、流程化时，KPI仍然会对组织绩效的增长起到良好的效果。

综上所述，OKR和KPI二者虽然从管理理念和管理方法上都有所不同，但都是企业管理中有效的管理工具。OKR鼓励创新，以人为本激发内在动力，关注总体目标和团队协同，不对目标进行直接考核。KPI强调目标管理过程管控，从企业总体目标出发，以绩效回顾和辅导为抓手，关注绩效目标实施过程中影响目标实现的因素，查找问题并进行辅导。

从管理工具的发展来看，OKR比KPI有了更大的迭代，更加符合当下管理对人性底层需求的重视。但是，不同的企业业态不同，发展阶段不同，创始人的管理风格也不同，如果企业要选择其中一个工具来进行目标管理的话，需要看企业CEO的管理理念和管理风格，同时，也要看企业人力资源管理负责人的专业成熟度。任何工具都有它的功能，但也有它的缺陷，OKR和KPI也一样。有的企业会同时使用这两个工具，收到了非常好的效果。正所谓，管理既是科学也是艺术，工具是科学、是方法论，而使用过程中的艺术则是仁者见仁、智者见智了。

基于本书主要介绍OKR工具，以下介绍几个比较适合用OKR作为目标管理的企业场景，供参考。

（1）初创企业。由于战略细则可能还不够清晰，产品也没有定型，用OKR进行目标管理可以帮助企业快速了解市场情况，调整战略方向。因为OKR聚焦、敏捷灵活，根据目标和关键结果的关系，随时可以根据内外部环境进行调整。

（2）成熟企业的新业务。新业务无论是市场环境，还是产品成熟度都不太确定，需要不断摸索，策略也会随时变化和调整。用 OKR 可以高频进行复盘，便于调整市场或产品策略，以快速占领市场。

（3）以知识型员工为主力军的公司。如咨询公司、高科技公司、互联网等公司，以团队项目制开展业务的，选择 OKR 作为目标管理工具，既可以避免因无法确定 KPI 量化指标带来的尴尬，又能实时对齐团队目标和了解团队士气，群策群力为实现目标共同努力。

OKR目标牵引，促进员工快速成长

安迪·格鲁夫在英特尔开发 OKR 时，特别关注了目标的牵引性。他将原来的目标管理制定流程自上而下进行了反向实验，就是自下而上制定目标。在企业大的目标设定后，所有的关键结果由相关部门、相关员工自己设定，增强员工完成目标的信心。这样在完成目标的过程中，无论是克服困难和挑战所需的领导力，还是专业能力，都会得到快速成长。

OKR 的目标牵引方法，也符合心理学的承诺一致性定律原理。所谓承诺一致性定律，就是当一个人对另一个人给出了自己的承诺后，他会用自己的实际行动去维护和履行自己的承诺。这是心理学家托马斯·莫里亚蒂研究发现的一个定律。

托马斯·莫里亚蒂在赌马的赌徒身上发现：如果一个赌徒对自己选中的马下了赌注，他对这匹马的信心陡然增加，而且，坚信自己选中的马一定是可以获胜的好马。莫里亚蒂由此推论：一旦人们做出了某个决定，抑或选择了某种立场，就会让自己采取行动来证明他们之前的选择是正确的。为了验证这个想法的正确性，莫里亚蒂专门设计了一个实验：他和研究人员在海滩上随机找了20名游客，然后，又安排了20个研究人员扮演游客在随机选出的20个游客旁边假装睡觉。这时，安排一名研究人员伪装成小偷，在所选游客面前偷走另一个正在睡觉的游客的钱包。在整个实验过程中，20名游客只有4个人站出来制止了偷窃行为。第二次，莫里亚蒂更改了实验流程，让假扮受害游客的研究人员在准备小睡前简单地要求实验对象帮忙照看下钱包。在得到实验对象的承诺后，"小偷"这才登场。这一次，20名游客中有19个人挺身而出，呵斥"小偷"的盗窃行为（见图2-1）。

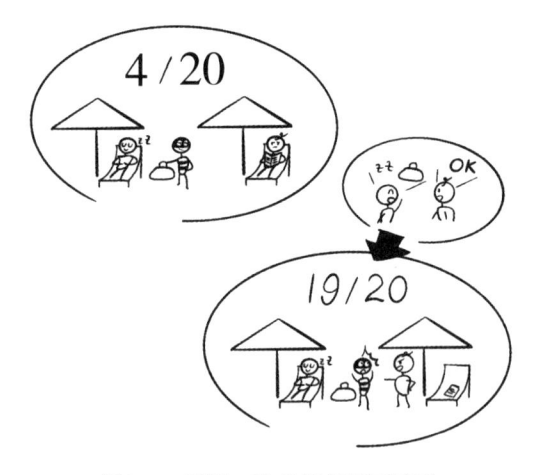

图2-1 承诺一致性定律原理实验

据此，莫里亚蒂得出结论：当一个人承诺一件事情之后，他之后的行为就会不自觉地按照原先的承诺来进行。这就是"承诺一致性定律"。根据"承诺一致性"心理学定律，我们在设定目标时，KR的关键结果由关键执行人自己设定，从而增加设定人对实现目标的承诺。

从目标的牵引性上来说，笔者在工作实践中也做过这样的小实验。笔者曾经为多家企业做领导力工作坊，其中，在目标设定和激励模块，喜欢做一个目标牵引的小测试。

将全班学员平均分成三组，被测组留在教室，其他两组先离开教室。每组测试时间为2分钟。请第一组写出与"蓝色的"有关的词组搭配，至少写出来5个，要求不能给出奇怪的搭配，比如可以说蓝色的衣服、蓝色的汽车，但不能说蓝色的兔子；请第二组写出与"高大的"有关的词组搭配，要求写得越多越好；请第三组写出与"强壮的"有关的词组搭配，要求至少写出9个。每组测试结束后记录答案。测试结果发现，第一组几乎所有人都能完成5个以上的词组；第二组完成最多的一次是7个，最少的只完成了4个；第三组每次都有近半数人能够完成9个搭配的任务，其他人至少也完成6个。小测试的结果很明显，第三组的任务具有挑战性，与"强壮的"有关的词组搭配相对比较难，而且，目标也要达到9个以上，结果还是有近半数人能完成任务。第二组没有量化要求，就是我们经常说的"越多越好"这种模糊的目标，测试结果证明实际效果是最不好的。这个小测试在不同的企业做了不止10次，每次因参加人数不同完成的数据不同，但是定性的结论都是一样的，即目标清晰明确，带有挑战性质的，人们完成任务的结果是最好的。所以，用OKR目标牵引是最有效的激励，如果能够正确地应用OKR目标牵引员工的内在动力，那么组织中的每个个体的领导力和专业能力都会在无形中获得成长。

第二部分
OKR怎么用

第三章 设计OKR实施路径

在一个崇高的目标支持下,不停地工作,即使慢,也一定会获得成功。

——爱因斯坦

制定OKR目标要用心法

使用OKR工具进行目标管理最重要的是对OKR工具的"O""KR"的真正理解,尤其是对"O"的理解。有些企业负责人在商学院学习了OKR或参访了某个著名企业听到分享的OKR经验回到企业后,马上要求HR对企业原有的绩效管理进行改革。但是,当启动所谓绩效管理改革时,第一个环节"设定目标"就遇到了挑战。

笔者曾经接到过一家企业的人力资源总监打来的咨询电话。他在电话里说:老板要求企业从明年起停止使用KPI进行考核,全部改成用OKR进行绩效管理和绩效考核。企业在月度经营例会上经过大家讨论,已经先设立了5个企业级的年度OKR目标,分别为:完成××亿元的销售额;毛利润达到×千万元;流程再造;组织能力提升;减少安全事故。

他问笔者，这5个企业级的OKR目标，是不是正确的OKR目标？因为他感觉这5个企业级OKR目标和以前企业的KPI目标有区别又感觉没区别。老板在会上强调，明年的OKR目标不仅要有经营数据目标，也要有组织能力建设目标，目标可以笼统一点，但要有挑战，所以就先定下了以上这5个目标。他不知道这样继续推进下去方向对不对。

笔者就问他："企业为什么要从KPI改用OKR工具来进行目标管理？"他回答说："老板前一段时间在某互联网大学学习了OKR工具，觉得特别符合企业的创新文化。虽然企业是制造业，但是也在向智能制造方向转型，所以特别需要一个'利器'来进行绩效管理，激活企业全员的创新精神。"

笔者继续问他："企业就启动此项绩效管理的改革之前做了什么准备？"

他回答说："老板只是在月度例会上提了一嘴，强调企业从明年起用OKR作为绩效管理工具，各部门负责人要带头学习OKR管理思想和支持人力资源部门的相关工作。"

笔者向他提出了第3个问题："除了老板学习了OKR的相关知识，企业其他部门负责人包括你本人对OKR工具的管理思想和操作要点了解多少？比如有没有组织大家共同学习？"

他回答说："我自己利用网课进行了学习，还在网络平台上搜索、学习了一些使用OKR企业的成功案例，对其他部门负责人的情况不是很了解，企业没有组织过大家一起学习。"

问了这3个问题后，笔者初步了解了他为什么会感觉迷茫了。

上面这几个似是而非的OKR目标对那些刚接触OKR的人来说，由于缺乏对OKR工具的理解以及具体的使用场景，一定会疑惑是不是好的目标。最为关键的是，通过上面几个问答可以看出来，这家企业对OKR启用的前期没有做任何准备工作。

之所以问第一个问题，是想了解这家企业对OKR工具的理解有多深。OKR严格地讲，它是目标管理工具，但不是绩效管理工具，而目标管理和绩效管理略有不同，二者也不能完全混为一谈。所以不能沿用过去制定KPI目标的方法来制定OKR目标。另外，从应用KPI作为绩效管理工具到用OKR作为目标管理工具的转变，是一次管理模式的变革，是一次变革管理，是CEO工程，人力资源总监只能作为专家角色配合企业CEO提供专业培训和辅导。所以，这家企业的CEO要提高对这次管理模式变革的思想意识，重视企业管理层对这次变革的态度和接纳程度，带领大家共同学习OKR管理理念。人力资源总监本人或邀请HR专业人士对OKR工具实施操作进行培训和辅导，在实施变革前做好宣导工作和专业的培训工作，统一管理层思想，才能在大家共识下推动这次管理变革。

另外，OKR需要制定更有挑战性的目标，不能靠过去的经验制定目标。要求制定目标的人必须有创新意识，内心想要挑战不可能，不走寻常路，最后才有可能接近目标或达成目标。上面这家企业的老板想要用OKR实施管理来激活员工的创新意识的做法是可取的，但是，如果要制定符合OKR思维和理念的目标，还必须对OKR工具做全面的理解。

所谓目标，是对驱动组织朝期望方向前进的定性追求的一种简洁描述。目标要回答的一个基本问题是："我们想做什么？"表面上看，这个概念并不难理解，但很多企业一直在寻求如何才能制定既具有挑战性又能逐步实现的高质量目标。

比如，上述案例中企业的 5 个企业级目标，前 2 个目标是企业的年度经营目标，一般作为企业级的 KPI 指标，具体、有数据、可衡量，而后 3 项"流程再造、组织能力提升、减少安全事故"是三个事项的名称，作为目标表述显然不够完整。

再如，对实施 OKR 工具进行目标管理与用 KPI 实施目标管理的目标设定，二者之间有一些微妙的不同。在 OKR 中的目标的英文单词是 Objective，释义是指客观的、不带偏见的目标和目的，也指短期的很快能达成的目标。英文中还有一个单词 Goal 也是目标，Goal 则是指需要较长周期且需要经过不懈努力才能达成的长期目标。所以组织中的三年规划目标通常会用 Goal 来表示，因此不少企业在制定 KPI 经营目标时最小时间长度是年，甚至更长。而用 OKR 作为目标管理，目标的设定则需要把周期缩短，比如 OKR 的目标周期设定的是季度目标，这是目前很多企业实施比较合适的 OKR 目标周期。三个月（一季度）的时间长度，第 1 个月启动实施计划并开始行动、第 2 个月发现问题进行辅导、第 3 个月通过结果看板，企业、团队、个人进行复盘和微调计划，以及采取新的行动策略，向目标逐步逼近。

除此之外，设定 OKR 的目标还需要注意以下几个原则。

1. 目标要具有激励性，能鼓舞人心

如上面这家企业的 5 个目标，如果希望实现销售额达到 ×× 亿元，毛利润达到 × 千万元，可以将 OKR 的年度目标设定为：成为某细分行业市场份额的领头羊企业。做细分行业的领头羊是一件令人鼓舞的事情，企业如果在所处行业有了领头羊的地位，那么，这对任何一个员工来说都有荣誉感和归属感。这家企业当时正在拓展海外市场，所以可以把当年第一季度的目标设定为：拿下海外的××市场。

2.目标虽有挑战，但通过超常努力也能实现

OKR的目标需要有挑战性和一定的牵引力，但切忌设定一个脱离实际并遥不可及的目标。前面我们介绍了OKR的核心思想和理念，其中有一个协同思维。企业级OKR目标是在全企业范围内公开透明的，需要企业不同的相关目标协同作战才能完成。因此，如果目标设定得太宏伟远大且超过了团队的能力，对团队的士气会产生负向激励。所以，在设定OKR目标时要聚焦企业战略目标，群策群力，共创智慧，设定一个既具有挑战性，但又可以通过不懈的努力得以实现的目标（见图3-1）。

图3-1 目标示意图

3.将企业的使命和愿景与OKR的目标连接

企业的使命和愿景，通俗地讲就是企业存在的理由。企业因为什么而存在？换句话说，这家企业的存在可以为人类社会带来什么变化，或给客

户带来什么利益、解决什么问题？这家企业如果一直发展得很好，未来会成为一家怎样的企业？据我所知，不少企业并没有明确的使命和愿景，之所以成立企业是因为创始人看到了一个商机，被市场和自己的商业嗅觉带着走，走着走着企业也就发展起来了。

我曾经接触并走访过一些国内的中小民营企业，这些企业大多数有企业经营理念和口号，比如诚信、务实、创新、奉献，人才是企业的第一资本，稳健经营、开拓创新等。这些词主要体现了企业想要宣传的核心价值观和经营策略，是企业文化的一部分，但不是企业的使命和愿景。一家企业如果没有明确的使命和愿景，就如一艘没有目的地的船在海上航行，在风和日丽的情况下也许一切安好，一旦遇到恶劣的天气和大风大浪，就会遭遇不可预测的风险。

美国有一个调研报告显示，没有使命愿景的企业，高达90%以上都以失败而告终。相反，具有明确使命和愿景的企业，无论是大企业还是小企业，都有更强的生命力。大企业如阿里巴巴，有着"让天下没有难做的生意"的使命和"一定要活102年"的愿景。小企业如子繁咨询，虽然成立的时间只有几年，但是它在成立之初就确立了"打造后职场领导力，为中小企业成长赋能"的使命，以及"成为中小企业共生、共创、共发展的生态伙伴"的愿景。子繁咨询秉承企业的使命和愿景，不但开发出了"打造后职场领导力"课程，为职场后时代的管理者赋能，也为多家成长型企业提供了组织发展和人才发展"陪跑项目"，在恶劣的市场环境下依然呈现出勃勃生机。

企业的使命和愿景是企业发展的锚，当企业制定OKR目标时，锚可以确定企业使命和愿景不会偏离方向，通过OKR目标实现企业发展的跃升。

4.对目标的结果进行公示

目标的制定过程可以先自上而下，再自下而上。事实上，无论制定目标的过程如何，最后确认的目标都要在所有参与者范围内进行公示。因为每一个参与目标制定的人都期待知晓最终确定的目标。

如果最终目标是企业高层经过慎重思考并在大家讨论的基础上进行了修改，比如适当提高了目标，那么比较好的做法是通过会议进行公布，在会议上对确定最终目标的战略思考和实现目标的可能性进行宣导，共启愿景，激发团队成员对实现OKR目标的内在动力和增强完成目标的信心。

明白了以上几条关于目标设定的原则以后，还有以下一些事项需要注意。

1.策划结构化的目标共创会

目标确定的过程是一个民主、开放、共创、头脑风暴的过程，但切忌陷入无休止的讨论。当创建一个目标时，大家通常都会有很多想法，这些想法包含了一些有价值的信息，在对这些信息进行表达时可能过于定性和笼统。这时，主持人就需要向相关部门负责人进行澄清，保证始终在正确的方向上讨论。

举例来说，市场部制定了一条OKR目标，其中O是"拓展私域运营渠道为客户创造价值"。这个目标包含了2个重要信息，一个是拓展私域运营渠道，另一个是为客户创造价值。那么，主持人就可以提出这样的疑问："拓展渠道是一个策略和行为动作，而为客户创造价值是一个目标，把二者放在一起作为一个 OKR 目标,您背后的思考是什么?"并引导大家先发散、后收敛地进行讨论。这样一来,既帮助了制定目标人厘清自己想要表达的意思,也激发了参与讨论者打开思维,从他人目标的设定所要考虑的因素连接自己所设定的目标需要考虑的因素,最终共创出企业和各个部门的符合 OKR 特征的目标。

2.提供简单的引导

召开目标共创会议可以借用头脑风暴会议技术,也可以用行动学习引导工具,这些技术的目的都是群策群力。

会议开始时的引导非常重要。一般的会议参会人员少则 3 人,多则数十人甚至更多,当大家到会场就位后,都是等待主持人先开场,后面按照会议流程往下进行。如果主持人只是宣布一下今天的会议主题和流程,然后根据流程逐项进行,虽然中间有共创环节,但是基本上是在理性的状态下讨论事情,看问题的角度都是站在企业、其他部门的立场上,很少内观和自省。所以,要开好一次成功的目标共创会议,在正式开会前的 30 分钟左右,可以设计一个小游戏让参会者先打开自我,在理性的场域中增加一点非理性的氛围。一旦大家打开自我,后面再进入会议共创时,很多想法就会自然涌现。

有一次,笔者为一家企业开半年度总结会,会上肯定少不了要回顾过去半年的工作情况,同时,要将下半年的目标重新审视,并共创实施路径和策略。会议安排在周末的两天时间里。

在第一天的上午,主办企业安排由笔者开场。笔者先手绘了一幅画,把参会人员准备参加这次半年度会议的心理状态假设为以下 4 种状态:①

探索者（积极参与）；②购物者（学习）；③囚徒（被迫参加）；④度假者（暂时可以不工作）。

笔者请他们选一个自己当下的心理状态。在35个参会者中，有9个人选择了探索者（积极参与），26个人选择了购物者（学习），没有人选择囚徒和度假者。笔者先邀请他们每个人对自己的选项做个说明，为什么要选这个状态；接着，把下面对4种心理状态的解释放到了屏幕上（见表3-1）；然后，邀请大家看以下4种心理状态的解释，静默2分钟，关注一下自己内心的真实感受，想想是否需要重新调整一下自己的心理状态参加会议。大家调整心态后，接下来的会议，大家的投入度明显上升。

表3-1 心理假设状态

探索者（积极参与）：做好充分的准备参加会议，渴望发现新思想、新事物。坦诚表达自己的意见，贡献想法，对其他部门的目标给出建议。提出自己部门下半年的目标，并寻求资源和支持	购物者（学习）：过去半年成绩还可以，主要抱着学习的态度，学习其他部门（同事）好的做法，希望下半年做得更好。没有特别想要在会议上提的问题，对其他部门的目标也提不出有建设性的意见
囚徒（被迫参加）：感觉自己是被迫参加会议的，部门业绩目标完成得不理想，不想丢面子。在会议上感到紧张、压抑、不舒服，希望会议早点结束，甚至想逃走	度假者（暂时可以不工作）：自己部门过去半年的业绩目标完成得不错，比较轻松。下半年的计划也胸有成竹。对其他部门的工作没有兴趣关注，除非有影响到自己部门的事情

会议结束后，这家企业的CEO非常满意地反馈说："这次的会议，因为有了前期的铺垫和暖场，大家的投入度明显高于以往任何一次年度总结会。"所以在设立OKR目标的过程中，用心设计会议流程，简单引导，可以起到意想不到的效果。

3.找出阻碍目标实现的地方并提前规避

目标的不断实现，会激发更多的斗志；如果遇到的阻碍太多，慢慢会打消人的积极性。

OKR的目标，鼓励具有一定的挑战性，但是这个挑战不是水中捞月似的挑战，而是能够激发大家的潜能后，最终可以逼近实现目标的挑战。因此，在目标设定前的共创会议中，可以选用"红绿灯思考法"。即先用绿灯思考，这时大家抛出一切可以实现目标的可行性方案，再考虑信息、人力、财力、时间等资源供给的情况下可能遇到的阻碍。此时用红灯进行思考，有哪些策略和方法是只要大家坚定信念、跨越障碍就有希望达成的；而哪些则是行不通的，即使使出浑身解数也是无法完成的。去除完全不可能达成的策略，选择有挑战性但大家有信心可以完成的策略。这样使得大家在实现目标的过程中，因为不断有小目标实现，通过庆祝小赢，来增强信心，最终实现大的目标。

透视KR本质，认识并明确KR

目标决定方向，执行决定绩效。OKR中的O是目标，KR就是执行的关键结果，也指执行目标的完成情况和效率。只有二者合力，才能成就团队和个人的成功。但如果要比较制定目标和执行目标哪个更重要，或哪个更难，那么，在企业这座金字塔里，无论是老板，还是高管，或者是基层员工，绝大多数的人都会回答：执行目标更难。有句话说得好：如果没有执行，再好的目标也只是纸上谈兵而已。

这句话的道理其实很简单，就是任何目标的实现，都需要人去执行并完成，而这些需要完成组织目标的人对目标本身的理解、对实现目标路径的共识、在实现目标过程中的相互协作和沟通等，都是是否能实现目标的可变因素。

那么，为了确保目标的实现，就必须将这些可变因素尽量具体化和可视化，以减少不确定的可变因素，增加在动态过程中相对的确定性，明确并共识目标完成的关键结果 KR，即实现目标的衡量标准。

如有家企业在 2020 年年底，确定了企业在 2021 年的 OKR 目标是某产品的销售额达到华东市场份额最大。其中，有 3 个 KR 指标，KR1：华东市场销售额同比增长 35%；KR2：完成×××大客户的开发；KR3：客户关系管理系统升级。

KR 必须是清晰的、可视的、可衡量的。一般 KR 符合以下几个特点：①能直接体现实现目标的行动结果；②必须具有挑战性的、非常规的结果；③能量化的尽量量化，不能量化的要具体化；④每个目标在一段时间内的 KR 指标 3~4 个，建议不要超过 4 个；⑤必须是和时间相联系的，有时间节点的。

最佳实践表明，在明确 KR 方面，也有一些值得学习的技巧和原则。

确保战略聚焦

如果设定的完成目标的周期是一个季度，那么关键结果就要在季度工作中选出最能够体现目标的 3~4 个关键结果，不需要把整个季度的工作都列出来。执行的目的不是显示团队有多辛苦和不易，而是要确保战略聚焦，要把最关键的资源和最大的精力用在最关键的动作和能让目标取得实际进展的 KR 上。只要 KR 越聚焦，团队的目标感就越强，也越能激励团队完成目标。

1. KR 追求的是做出结果，而不仅仅是完成任务

企业经营需要拿数据和结果说话，所以 KR 不仅仅是列出的一个任务清单和行动计划，而是可以衡量目标是否完成的结果和图景。在企业管理实践中，有时候任务已经完成了，但结果却不是企业希望的。

举个例子，有家企业的某职能部门在设置 OKR 目标和关键结果时，确定目标是第二、第三两个季度完成 ERP 系统上线，分解到第二季度的目标是完成业务流程诊断，因此设立了 KR1 是供应商招投标，KR2 是用户需求调研，KR3 是业务流程诊断。这个 KR 看起来与 O 相关，但是严格来讲，这只是一个任务清单。比如 KR1 供应商招投标是个任务项，做的结果没有描述，应该修改为：完成与供应商的合约签订。这样一来，就可以看到这项任务完成后一个明确的结果。再说 KR3，业务流程诊断也是一个任

务，不是结果，应该修改为"提交业务流程诊断报告"更合适。

在日常工作场景中，我们经常会遇到这样的情况：员工似乎都陷入一个"任务陷阱"，每天埋头苦干，有着做不完的各种事情，焦头烂额，却忘记了自己做这些工作的目的到底是什么。但 OKR 告诉我们，我们既要埋头拉车，同时也要抬头看路，还要定期仰望星空。在 OKR 制定的过程中，将 KR 设置成任务，是很多企业刚开始引入 OKR 时易犯的错误。所以，当看到 O 后，首先要问自己的是：我们要如何做？通过我们这样做会实现什么目标？继而将这个结果尽量量化。在这个过程中，还要不断地思考：此刻我们专注的是目标，还是完成目标的方法或者任务？

谨记 KR 不是为了协助和辅助目标，而是目标完成后的可视化的结果呈现。在设定 KR 时，可以在团队里充分讨论："为了达成目标，我们要输出什么？目标完成后，要达到什么样的状态？"从而使 KR 名副其实。

2. KR 要简单明了

无论什么性质的企业，都需要 KR 来反映所执行的程度不能太过复杂，也不宜包含太多的内容和层次。复杂的 KR 会让人搞不清楚这条 KR 的结果到底是什么。如有一家公司制定了公司 ×× 年度拓展海外市场的 O，同时又设定了 3 个 KR，其中一个 KR 是在日本设立办事处并完成产品铺货覆盖率达到 10%。这条 KR 包含了在日本设立办事处和完成海外产品铺货市场覆盖率达到 10% 两个信息。这样的 KR 最好分成 2 个 KR，一个是在日本设立办事处，另一个是海外市场铺货率达到 10%。这样可以清晰地看到拓展海外市场有两个关键结果。一个好的 KR，所传递的信息一定是简洁明了的，不需要有太多的解释，这样团队成员才能把精力和时间用在完成任务上。

3. KR 需要一定的张力

企业实施 OKR 目标管理，通常都会遵循 O 具有挑战性的原则。但是对 KR 的设立却各有千秋。为了体现 O 实现的 KR，有的企业在制定了 OKR 目标后，设定 3~4 个 KR，这几个 KR 有的是体现目标达成后从不同维度衡量的结果，如上面举的例子，O 是拓展海外市场，所以两个 KR 设立办事处和铺货覆盖率是体现拓展海外市场的两个维度。如果 KR1 是铺货的市场覆盖率，KR2 是完成海外销售额×××万元，这两个 KR 是递进关系，KR1 是 KR2 的前置条件，KR2 的完成结果受制于 KR1 的完成度。还有一种情况是，同样的 KR 会设成两个不同的标准，如 KR1 铺货的市场覆盖率达到 10%，这是一个门槛关键结果，KR2 铺货的市场覆盖率达到 20%，这是一个挑战关键结果。

另外，有的企业在 OKR 实施周期复盘时，根据外部情况的变化和内部团队的情况，在评估最大限度实现目标的情况下，对 KR 会做一定的调整，有的是对内容做调整，有的是对进展程度和标准做调整。由此看出，在运用 OKR 作为目标管理过程中，为了达成具有挑战性的目标，KR 充当了非常重要的角色，KR 不仅是实施目标的关键结果，也是实现目标路径上的加油站，还是激励团队的调节器。因此，在设置 KR 时一定要考虑其张力。

4. 指定责任人

为了完成一个目标，通常会设定 3~4 个 KR。那么，不同的 KR 最好是由不同的人来负责。俗话说：三个和尚没水喝。当一件事情同时有多人负责的时候，人们往往承担责任的意愿就会降低。所以在明确KR的时候，也要分配责任，如果没有责任人，也就是没有一个最终的人对结果负责，那就有可能出现没有人主动采取行动对目标和关键结果负责的情况。每个人都有很多日常工作要做，如果不指定负责人，大家就会有一堆的理由来推脱不是自己的责任。KR责任人并不是指对KR达成的唯一责任人，而是被指定来作为该KR的负责人，具体负责团队分工、上下游资源协调、在KR实施期间的实时跟进、及时召集团队成员对实施情况复盘、更新KR进展、与其他部门协同、对接上层次目标，等等。一个目标下的几个关键结果负责人需要共享信息和资源，协同共进，才能确保目标的最终实现。

5. KR是实现目标后的理想图景

OKR目标管理法的目标往往如愿景和使命一样，是一句能激发人的创造力和激情的定性描述，而KR则是实现目标后的理想图景。如一家做零售的企业制定了一个年度OKR目标：进一步扩大产品范围，使顾客更便利地买到他们想要的东西。企业管理层经过反复讨论后设定了3个KR：KR1是库存量单位从6000增加到12000，KR2是新增5个线下渠道和8个线上渠道，KR3是客单价从130元提高到200元（见图3-2）。

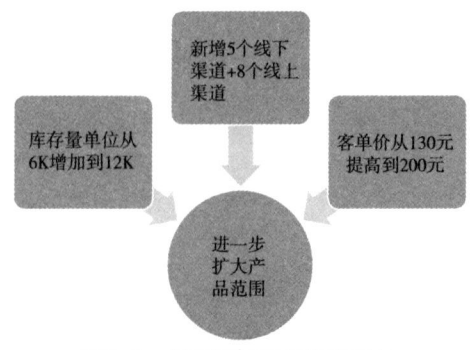

图3-2 实现目标后的理想图景

也就是说，这家企业当年所定的扩大产品范围这个 OKR 目标，一年后希望看到企业的库存量单位增长了一倍，线上、线下渠道增加了 13 个，客单价可以达到 200 元。可以想象成一幅拥有丰富多彩的产品，线上、线下渠道以及很多顾客购买产品的画面。要让企业与这个目标有关系的人，无论是管理人员，还是基层员工，当想到这幅图景后，会感到很兴奋、很激动，特别希望自己能为这幅画添加一笔浓墨重彩，贡献自己的一份力量。KR 既有科学性，因为它明确、具体、可衡量，KR 又有艺术性，因为它可视、有想象空间、连接制定 KR 当事人的精神世界。

推进执行，关键在人

一家企业能否成功实施 OKR 目标管理，在很大程度上是人的因素在起决定性作用。为了能最大限度地提高 OKR 目标管理的有效性，不少企业在实施 OKR 目标管理中引进了项目管理的理念，将 OKR 执行关键结果负责人视为 OKR 项目经理。OKR 负责人在带领团队成员为达成 KR 实施管理时，像项目经理一样进行三控、三管、一协调。所谓三控，就是对项目的进度、质量和费用进行控制；三管，则是信息管理、合同管理和项目实施中的安全管理；最后一个就是协调，即在整个项目推进过程中协调组织各方资源，以顺利推动项目实施。

项目经理对整个项目的成功完成负全责，在整个项目中发挥着决定性的作用。所以，当将 KR 负责人视为项目经理时，企业也要赋予项目经理一定的权限，比如，团队搭建的人事架构建议权、具体执行人员的分工权、实施项目的费用提报权和权责范围内的审批权，等等。

在OKR目标和关键结果确定后，KR负责人就需要带领团队核心人员对完成KR的各种策略进行讨论，选择最佳路径所需的人、财、物等资源进行规划，有的资源还需要向企业提出方案。不仅如此，项目经理还要了解自己所负责的KR与上下游部门的OKR的关系。有的部门级OKR负责人只负责一个KR，有的要负责2~3个KR。所以，OKR负责人的脑海里要有一个企业级OKR战略图景，并需要搞清楚企业级目标和关键结果，部门级目标和关键结果，以及自己所负责的OKR在什么位置。对整个企业而言，OKR是一个互相联系、彼此作用的管理系统，不能割裂。

这里举一个制造企业的例子。某企业销售部从客户那里取得订单；然后生产部按照订单生产产品；但是在生产制造过程中，有些零件无法自制，必须通过采购部向外部供应商订货，并等待交货；完成后的产品则交由供应链部配送到客户手中。如果各部门都基于自己的团队职能和企业的绩效目标设定出了各自的OKR，它们的各自目标应该如下所述。

销售部：为了增加每张订单的毛利，销售部制定了销售高毛利率产品的目标。

生产部：为了降低成本，制定了只有接单到一定数量后，才能开始生产制造，即生产部制定了提升生产效率的目标。

采购部：为了降低零件和材料的采购价格，需要更多地开发供应商，需要货比三家以争取得到供应商的折扣，所以就制定了一个优化供应商管理的目标。

供应链部门：为了更快地将成品送到客户手中，要增加运输车辆和司机人数，所以提高运输效能成为这个部门的目标。

上面这些部门的目标，从各个部门自身的业务性质和职能方面来看都合情合理，如果每个部门将目标用3~4个关键结果来呈现，这几个业务部门就有12~16个关键结果，每个部门的负责人为了完成这些关键结果就已经非常忙了。关键是这些目标都是从部门的角度出发，看不出与企业总体目标有什么关系，即使大家都非常努力，那也有可能会出现每个部门都出色地完成了任务，但是企业的总体目标却未能实现，最后导致企业的发展战略目标被严重忽视，甚至束之高阁的现象。

因此，如果你的企业决定要实施OKR目标管理，那就要安排一个专门负责人来协调和统筹企业级OKR工作，这个负责人可以看成是企业的OKR项目经理。有的企业是由HR副总裁担当，也有的企业由总裁办主任担当。不管是哪个岗位的人来做这个项目经理，这个项目经理的上级领导都必须是企业CEO。只有在CEO的亲自领导和支持下，OKR项目经理才能更好地协调资源，带领各部门中小"OKR项目经理"推进整个OKR的实施工作。

OKR负责人需要对企业的业务非常了解，对运营管理也要谙熟，在推进OKR和项目时要像项目经理一样，对每个里程碑式的节点的交付物非常清楚，梳理任务的先后关系，确认现有的资源是否充足。如果因为某种原因需要取消一个任务，或者新增一个任务，或者变更任务的内容和成员，OKR负责人要预测它对结果的影响，从而做出对应性的安排，增补其他任务，或者削减现有任务。否则，不断堆叠或者随意削减的任务序列都会降低 KR 达成的可能性。在遇到重要的变更、明显的脱节、严重的进度滞后、突然改变的环境和条件时，OKR 负责人最有效的管理办法就是与核心团队成员一起商讨和"共创"，召集相关负责人召开专题会议，说明情况，或者了解原因，阐明影响，对当前的任务进行及时的修订，并且确定检查机制。共创虽然需要占用利益相关方的时间，但从项目实施的整体效果而言，必要的共创机制经过检验是有效的。

在第一章中我们就阐述过，OKR 目标管理强调的是目标聚焦、信息共享、组织敏捷、团队协同。组织敏捷和团队协同意味着 OKR 的目标管理一定需要跨部门合作，不但有总的负责人、大项目经理，还要有分目标的负责人，以及实施目标的团队成员。在实施 OKR 的企业，会有若干个项目组，与企业的职能管理形成矩阵，实现管理高效协同。

比如，有家医疗集团设立了"新开一家口腔诊所"的年度 OKR 目标，这个目标涉及行政部门选址、办理环评等各项许可证、营业执照等，医务部负责制定医疗管理标准、培训人员，人力资源部负责招人，财务部负责准备好设立一家口腔诊所需要的资金，综合部购买所有的设备，等等。根据实施目标的时间规划，每个季度、每个部门所定的 KR 都不一样。在这几个部门里，凡是与此目标相关的人员都可以说是"新开一家口腔诊所"这个大项目的团队成员。在目标完成的过程中，KR 是根据季度来进行动态调整的，因此，这个 OKR 目标的执行就需要安排一个总负责人来组织相关人员、规划项目完成时间、协调关键结果分任务的负责人、过程中督促检查，等等。只有这样，才能确保项目在执行过程中不偏离方向，所有人员的步调保持一致，为完成目标夯实基础。

除此之外，在总目标分解下的KR，成为各部门的分目标，而这些分目标的负责人必须起到承上启下的作用来支撑总目标的实现。

分目标负责人在OKR目标执行过程中的作用与总负责人同样重要，不可或缺。有以下几点是分目标负责人需要做到的。

1. 明白要解决哪些痛点

在实施OKR目标管理执行中的所谓痛点，是指执行中的核心要素，只要抓住了核心要素，就能够按照计划往前推进。很多企业在推进OKR执行时，第一轮制定目标和设置KR时轰轰烈烈，执行2个月后，要不就回到了KPI模式，要不就回到了工作计划模式，还有最糟糕的一种是没有模式了，干脆选择"躺平"。尤其是各个分目标的负责人由于日常工作很多，既要管一堆事情，又要带团队"打仗"，使得OKR与日常工作有时会出现冲突，在执行过程中常常容易迷失。究其原因，主要是分目标负责人没有抓住核心问题。

比如上面章节中举的例子，企业新开一家口腔诊所，其中的一个KR是在某月开业试运营。根据开业试运营的日期倒推，人力资源部门制定的OKR就必须在某月前完成医疗团队的组建工作，即招聘人员并培训上岗。但是人力资源部OKR负责人首先没有意识到自己必须保持与OKR总负责人同频，未能及时了解整个进度的相关信息。另外，也没有主动协同医务部OKR负责人，寻求医务部专家在招聘人员和培训人员方面的支持。同时，也没有协同行政部OKR负责人，实时了解前期各项手续办理的时间进度，以及时调整招聘和培训计划。最后，开业的时间到了，而关键岗位的人员却没有全部到位，导致新店开业不得不延后。

在一连串相互联系和相互作用的任务中，OKR项目负责人最重要的是抓住主要矛盾，协同相关部门的相关人员，互相效力以共同完成任务。

2. 明确优先事项

任何OKR推行成功的企业都不是一蹴而就的。有的企业本身就具备了结果导向的企业文化，有的企业长期以来打造敏捷性组织，还有的企业信息透明，上下左右沟通顺畅，这些文化基因都有助于OKR项目的推进。就OKR项目本身而言，在执行过程中也需要梳理其优先事项。在同一个目标下的不同关键结果，在执行过程中，可能因外界环境、资源的制约等原因，将原来的前置、后置次序打乱了，这就要求OKR负责人具备战略性思维，站高一线看问题，跳出本部门的"墙"，从更大的范围来看企业、部门的OKR。

如上例中提到的人力资源部招聘和培训人员，按照整体项目的进程，一般可以在行政部启动后的1个月左右启动。但是，为了未雨绸缪，人力资源部OKR负责人可以先召开专题会议，就口腔诊所组织架构图和医疗团队人员招聘等事项邀请企业OKR总负责人、医务部OKR负责人、行政部OKR负责人等相关人员做定向讨论，将准备工作做在前面，如果其他部门的信息有任何变动，人力资源部也可以第一时间了解，并制定相应的应对措施，保持与企业内、与此OKR目标相关的人同频。我们发现，在OKR推进执行中，优先事项往往是关注人的事情，只要人的思想通了，很多事情就可以迎刃而解。

3. 让团队了解OKR的重要性

好的执行需要目标透明，当公司、部门的OKR目标确定后，OKR项目负责人要确保自己的团队成员都了解 OKR 的重要性。如果团队成员对 OKR 没有足够的重视，把 OKR 当成日常工作来做，那么，对于一个具有挑战性的目标几乎是无法完成的。

笔者曾经见过这样的 OKR 负责人，他是一个业务部门的负责人。他所在的企业每月召开月度经营检讨会，他也都会参加该会议。对于企业实施 OKR 管理，他的理解是和以前的工作计划没什么两样，只是换了一个说法而已。因此，每次月度提到 OKR 的相关要求，他回到部门也只是轻描淡写地提一嘴，从来没有认真传达企业对 OKR 目标管理的要求。

这家企业自从开始实施 OKR 管理后，每次的月会都安排 1 个半小时，让各个部门负责人回顾 OKR 执行情况、遇到的阻力、团队成员的信心指数，提出下一阶段工作重点和策略措施。轮到这位负责人汇报时，每次他所负责的 OKR 执行情况根据时间节点完成率都在 40% 上下徘徊，团队成员完成目标的信心指数却在 8 左右。总经理就在会议上问他："你们团队成员的信心指数这么高，为什么目标的完成度却这么低？"他支支吾吾地说不出来。目标完成率有数据说话，大家都可以看见，不能作假。而团队成员的信心指数，他担心说低了不好，总经理和其他部门的同事会说他团队的同事态度不好，所以他就把信心指数说成 8。这个行为直接暴露了他与团队成员缺少对 OKR 目标的共识，也没有激发团队成员对完成目标的工作激情，所以导致目标的完成度总是偏低。

部门负责人是承接企业总目标的部门 OKR 的直接负责人，肩上担负的是企业总目标分解到部门的目标。如果部门负责人自己对企业实施 OKR 目标理解不透，那就无法传递企业的要求，完成部门任务的责任也就落在自己一个人身上，没有被传递下去。一个人的力量有限，只有发挥团队的力量才有可能完成组织的目标。

4. 用信心指数及时激励团队成员

OKR目标的属性是有挑战性的，因此，任何团队在推动执行OKR目标的过程中，团队成员应该是很有激情的。前思科CEO林正刚曾经说过：最靠谱的目标是对员工最大的激励。

OKR目标不是随随便便被制定出来的，也不是某个领导闭门造车出来的，而是大家通过对企业发展战略目标的深入解读，聚焦战略目标，共同探讨出来的。因此，目标一定是靠谱的，同时，是有激励性的。那么，如何有效激励团队成员完成目标呢？在OKR目标管理法引进的时候，就设置了信心指数这个指标。这个信心指数，用来衡量团队成员完成OKR的信心。

信心指数，可以体现一个人的自我效能感。所谓自我效能感，是心理学家班杜拉于1977年提出的一个关于人为什么能被激励的概念。他在研究前人的理论中发现，大多数研究把注意力集中在人们对知识的获取或行为的反应类型方面，而支配知识和行为之间相互作用的过程却被疏忽了。知识、转换性操作，以及其所组成的技能是完成行为绩效的必要条件，但并不是充分条件。比如，有这样一种现象，一个人知道应该做什么，却没有行动。这是因为内部的自我参照因素调节着知识与行为之间的关系。其中，人们如何判断其能力以及这种判断如何影响其动机和行为便是最为关键的因素。

班杜拉发现，人们对其能力的判断在其自我调节系统中起主要作用，由此提出自我效能感的概念。班杜拉认为，自我效能感是对自己的能力进行衡量与评价的结果，而这种结果又转而调节人们对行为的选择、投入努力的大小，并且决定其在特定任务中所表现出来的能力。换句话说，是个体对自己能够按指定水平来执行某个行动的信心。

无论是在工作场所还是在非工作场所，关于自我效能感理论的研究都得到了很好的验证，也得到了一定的研究支持。1991年，研究人员McIntire和Levine在培训领域用大学生的打字培训做过一次实验。在培训前，对参加培训的学生进行了自我效能感的评估，要求学生设立个人目标。培训结束后，先询问学生自己认为每分钟能打多少字，再公布学生每分钟的打字数和评估出来的真实成绩。结果发现，培训开始前的自我效能感对培训结束时对每分钟打字数有良好的预测效果，虽然不能完全预测具体成绩，但是学生最后的成绩非常接近自己的预测成绩。这个研究表明，个体对特定任务的自我效能感不仅与其在有关指定任务的培训中的表现有关，也跟目标设定有关，当自我效能感越高时，设定的目标也就越高，实际完成量也越高。与目标相关的结果暗示了自我效能感可能会通过目标设定发挥作用。

班杜拉对工作场景中的员工在自我效能感方面也做了相关研究。他发现，动机和绩效，甚至是幸福感，都能通过增强员工的自我效能感得到提高。他提出，可以通过使个体在逐渐变难的任务中不断取得成功来增强自我效能感。这就如OKR的目标设定有挑战性的任务一样，组织可以向员工分配挑战性逐渐增加的任务，配置一定的资源促使他们成功，也容许他们失败。随着员工在越来越多的复杂任务上获得成功后，他们的自我效能感就会增加。

班杜拉的研究还显示，有四个方面的因素可能影响自我效能感的形成和改变。

首先，个体行为的结果（成与败）影响最大。成功的经验能够提高个人的自我效能感，多次的失败会降低个人的自我效能感。因此，OKR目标设置虽然一再强调要有挑战性，但是也要有一定的牵引性，要能够让目标真正激发每个人的自我效能感。

其次，人们从观察别人所得到的替代性经验对自我效能感影响也很大。看到与自己相近的人成功能促进自我效能感的提高，增加了实现同样目标的信心；但看到与自己相近的人失败，尤其是付出很大努力后的失败，则会降低自我效能感，会觉得自己成功的希望也不大。在推动执行OKR目标中，倡导企业每个部门OKR进展的信息公开透明，只要有一个部门的目标实现了，对其他部门就是一种激励。当然，不同部门的职能和任务不同，任务的难度系数也有所不同。但是，当看到同伴取得成果时，就会出现鲇鱼效应，不甘落后的上进心和创造性就会被激发，从而营造一种你追我赶的氛围。

再次，影响自我效能感的信息源是他人的评价、劝说及自我规劝。缺乏事实基础的言语劝告对形成自我效能感效果不大。在直接经验或替代经验的基础上进行劝说、鼓励，效果最大。笔者有一个实例也验证了这一点。

笔者曾经为一家企业的年度经营会做了两天战略工作坊。在工作坊举办之前，企业负责人说，去年企业的销售额为3.8亿元，他希望来年的销售额能够达到6亿元，但是几个高管以及销售团队不认同这个销售目标，他们认为这个目标太高了，根据企业目前的产能和运营能力，感觉根本不可能做到。笔者了解了这个信息后，先用业务领导力模型导入战略制定，从市场洞察到战略意图，再从商务模式到业务设计，最后到创新焦点。在输入市场洞察时，先是介绍了几个同行业做得比较好的案例；在业务设计环节，帮助他们梳理了不同业务的不同市场，同样举了相关企业的成功案例做说明；最后，在创新焦点上，从客户企业本身的商务模式、业务逻辑、客户细分、渠道和客户关系，邀请参加工作坊的同事一起碰撞共创新思路和新方法。意想不到的是，在第二天下午从战略意图到战略目标收敛时，通过对比同行业标杆企业，加上创新焦点的共创，次年销售目标大家很自然地提出要做到6亿元，否则，企业的战略目标就不能实现，而且，还有被竞争对手侵占市场份额的风险，所以做大做强成为企业的目标。可以说，几个市场上同行标杆企业的成功案例对这个团队起到了一定的刺激作用，加上在清晰地梳理了战略实施路径等因素的共同作用下，提高了他们的自我效能感。

最后，是来自情绪和生理状态的影响。比如，紧张、焦虑容易降低人们对自我效能的判断。在硅谷有不少实施OKR目标管理的企业都会在周末或月末举办一个轻松愉快的主题会议，目的是让大家从紧张的职场场域中解放出来，尽量营造一种轻松、开放、富有创意的氛围，通过这种方式提高企业员工的自我效能感。

以上几种因素的影响常常是同时起作用的。这些信息如何影响，以及在多大程度上影响自我效能感的形成与改变，也是因人而异的。所以，一个人在不同的领域中,其自我效能感不同,在企业中的人岗匹配就显得非常重要。完成OKR目标的团队最好也能取长补短,把在某个领域最擅长的人放在最合适的位置上,提高他的自我效能感,也就是所谓的信心指数,这样才能激励他做出更好的业绩。

回顾总结,保持灵动

在前面的章节中已经多次提到OKR的目标管理与KPI绩效管理的不同,这节再次提到OKR与KPI的另一个不同,就是KPI一旦在年初确定下来,在这一年中一般不会改变,过程中的半年总结即使发现完成目标有严重滞后现象,大部分企业也都不会调整目标。而OKR目标管理希望可以保持在聚焦目标、结果导向的基础上保持灵动,就是根据OKR的目标,在每个季度总结回顾时,从外部环境和内部团队执行情况以及信心指数综合分析,KR可以做适当的调整。KR设定是有挑战性的,如果发现情况发生变化,OKR强调挑战的同时,也强调信息共享、协同和组织敏捷。所以,KR的调整不是"放水",也不是发现完不成目标马上调整,而是经过大家对原定目标的反复确认,在共创和共识的前提下,对KR做的谨慎调整。

某企业是一家中小规模的医疗科技设备企业,其业务主要涵盖研发和销售两端,生产、供应链等均外包给合作伙伴企业。由于企业所处发展前景看好的行业，加上创始人团队三人优势互补，CEO全面负责公司运营，另外两个副总，在本行业积累了多年市场资源和经验的负责销售，有着在医疗设备领域多年研发经验的负责研发，企业创业3年已获得两轮融资。为了促进企业快速发展，2021年第一季度，CEO发起公司要实施OKR目标管理的倡议，当时确定了第二季度OKR的目标为销售业绩大幅提升，并确立了3个KR：KR1是完成6家30万元以上的大客户的开发；KR2是招聘8名成熟的销售经理；KR3是完成销售额1200万元。

当第二季度最后一个月末，CEO带着几个高管一起对OKR总结回顾时，以上三个指标执行的结果分别是完成了3个30万元以上大客户的开发、销售经理招聘到岗5人、完成销售额551万元，即完成了计划目标的46%。通过对目标和结果的差异进行复盘分析，发现KR1完成6家大客户的开发这个关键结果没有落实到一个负责人身上，就是没有设置KR1的"项目经理"，已完成的3个大客户并不是有策略、有计划、有步骤地开发完成的，这3个大客户在正式签订订单前销售部门已经接触了小半年，开发成功是水到渠成的事情。KR2未能完成的原因经大家分析后发现，HR在招聘销售经理的过程中，与销售部的互动很少，销售部只有被通知面试才介入招聘环节，面试后不合适的人，HR与销售部也没有做复盘和修正人才画像，所以导致招聘的效率不高。KR1与KR2在某种程度上是来支撑KR3完成的，由于KR1和KR2均未完成，所以KR3达成的结果不理想也就在意料之中了。

因为是第一次引进OKR目标管理，企业的几个高管也抱着学习和试错的心态。根据大家一起总结复盘的结果，经过共创，在制定第三季度OKR时做了改进。季度目标还是销售业绩大幅提升，但是KR做了微调。KR1是完成6家30万元以上的大客户开发，其中，初次接触的有3家以上；KR2是招聘6名成熟的销售经理（其中，3名是继续完成上一季度的任务，3名是储备）；KR3是策划举办一次产品技术研讨会；KR4是完成销售额1200万元。每个KR都有一个项目负责人，由团队推荐或团队成员本人自荐。最后，由每个KR项目负责人带领团队成员共创实现目标的策略、措施、行动计划和结果衡量标准。

在第三季度的每周，KR项目负责人召集团队成员回顾每个行动计划执行后产生的结果，对照衡量标准分析差距，找出障碍并寻找扫除障碍的方法和措施，激发团队成员群策群力，互为助力。到第三季度末再回顾OKR目标时，三个KR的完成度明显上升。最关键的KR4在第三季度完成了70%多，CEO对第三季度的目标完成情况比较满意。

这个例子反映了一家企业在推进执行OKR时，有个非常重要的环节就是回顾总结的闭环管理（见图3-3）。

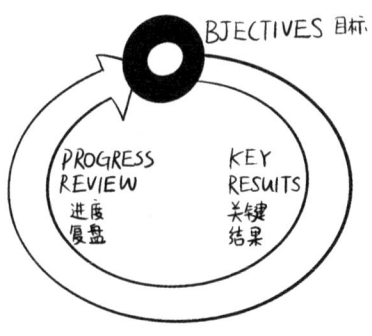

图3-3 OKR回顾总结的闭环管理

用来回顾总结的工具就是复盘。复盘在后面的第五章将详细介绍，这里不再展开阐述。从以上介绍的企业案例可以看出，OKR目标确定后，在每个季度、每月、每周进行回顾总结时，要根据复盘后的实际情况对KR做谨慎的调整，要保持一定的灵动性，这样才能更好地激发团队成员去完成目标的内在动力。

第四章　OKR有效实施六步法

没有执行力，一切都是空谈。

——任正非

变革思维

有不少企业在实施OKR目标管理时，对这件事情的认知不足，于是把这件事情当成是人力资源部的事情，认为就是把绩效管理换一种考核办法而已。这是对实施OKR极大的误解。不少实施过OKR目标管理的企业一定深有体会，在实施OKR目标管理时，并没有想象中的那么简单，无论是开始时对目标的设定，还是对关键结果的设定。另外，还有在实施过程中遇到的各种挑战，团队成员的各种情绪和态度都让实施OKR这件事情比原先想的要复杂得多。有的企业用到后面，感觉用OKR还不如用KPI。有的企业把OKR当成考核工具，与奖金直接挂钩，结果由于OKR强调其目标的挑战性，导致大家的目标都无法完成，于是，就有人说OKR是企业不想给大家发奖金而找了一把"软刀"。总之，OKR被扣了很多顶帽子。

我们回看一下可以发现，安迪·格鲁夫所开发的这套符合高科技行业知识工作者的一套目标管理方法论，其实质是管理模式的创新，即从旧有的、相对设定固定指标的KPI考核管理模式到新的以目标为导向的OKR管理模式的创新。OKR将目标和关键结果联系，通过实施过程中团队成员之间不断地聚焦目标和关键结果，有效沟通和协同，最后达成目标。由此可以看到，这其实是一次变革管理之旅。

变革思维，是指实施OKR的主体需要从变革管理的角度思考、准备和应用OKR工具。著名的变革管理咨询机构Prosci对变革管理是这样定义的：变革管理是运用结构化的流程和一系列工具，领导变革中人的因素，实现期望的结果。所谓结果化的流程，是将变革管理分成了三个阶段进行管理。

阶段1是准备方法。即通过开发定制的、规模化的变革管理战略，以及必要的发起和承诺，为变革定位成功。

阶段2是开始管理变革。即通过创建、实施和调整将推动个人和组织通过一个变革管理工具ADKAR过渡的变革管理计划来实现变革。

阶段3是维持成果。即通过确保变革被采纳，以及组织承诺并准备好维持变革来实现变革的价值。

因此，如果我们用Prosci的流程来检视一家企业，从原来的目标管理模式经过以下三个阶段的流程才能使OKR实施有效和成功。

第一阶段，制定实施OKR变革管理的战略。比如，提出如何定义企业实施OKR目标管理对企业发展战略的意义、准备在哪些范围实施、什么时候开始、计划怎么做、与原来的目标管理如何切换或融合、希望做到什么程度及达到什么效果、出现阻碍和困难时如何克服、实施过程中会遇到什么风险等这些问题，有了清晰的回答后，制定符合企业战略和文化并切实可行的OKR目标变革管理战略以及实施计划。在高管决策层形成先行发起和承诺，为后面的具体实施定向。

第二阶段，开始实施OKR目标管理需要在各个阶段都融入变革管理。此阶段需要借助变革管理工具A（Awareness意识），D（Desire期望），K（Knowledge知识），A（Ability能力），R（Reinforcement强化），将个人带入组织变革管理中，通过变革管理一系列计划，以时刻关注和管理个体在组织变革管理中呈现的状态，从而推动变革的实施。在变革管理流程中，这是最难的一个阶段。

笔者曾经参加过一场关于人力资本的研讨会议，会上，有一个研讨主题是关于实施OKR的挑战与对策。当时一家实施OKR目标管理企业的人力资源负责人分享了他的困惑和挑战。他们企业是第一年实施OKR目标管理，适逢企业要做流程改造，将原来的ERP系统进行升级，因此就将"提升企业运营效率"作为OKR年度目标中的一个目标。

企业的OKR确定以后，信息部只是邀请各部门负责人召开过一次项目启动会，后面的项目实施及进展信息都是非常零散地去发布或通知。所以，在实施过程中，好像ERP的系统升级只有信息部门的人知晓，从系统的升级规划、方案、实施计划和措施全部局限于信息部的人与公司分管领导和各部门单线沟通和开会，企业其他部门的人所知道的信息，都是从企业官网和月度经营会这样的渠道获悉。这就导致项目实施无法向前推进，尤其是业务流程跨部门之间的流程优化。在原来的流程基础上做升级有多种可能性，需要信息部与各部门充分沟通并达成共识后才能上线实施，就是这个步骤可谓举步维艰。

针对这个案例，我们不妨用 ADKAR 工具来分析一下：首先是 A 即意识方面就出了问题，对"提升企业运营效率"这个 OKR 目标，大家默认的是信息部门的年度绩效目标升级即 ERP 系统，其他部门仅仅是出于友情配合而已，并没有把这个目标看成是企业级 OKR 目标。其次是 D 即期望，如果大家误认为 OKR 目标只是一个部门的目标，又有谁会期望去改变？除了信息部的同事致力于这个目标的实现，其他部门反而觉得这项工作会影响本部门的工作效率，所以实施时推不动是理所当然的事情。再次是 K 即关于变革的知识，ERP 升级需要涉及哪些必需的知识？信息部门是否对这些相关部门的员工进行新系统知识的培训？如果这些工作都没有做，也就意味着项目推进时相关人员没有足够的专业知识来承接这项工作。复次是能力 A，在 ERP 升级中除了 ERP 咨询公司提供服务外，企业的信息部门是否具备系统升级的相关技能？最后是强化 R。因为前期推进遇阻，基本上就到不了 R 这里。所以这家企业所实施的 OKR 目标管理不能推进，可以归因为缺少变革思维。

第三阶段，OKR 目标管理的成果维持。比如，在 OKR 目标管理中所形成的创新会议、复盘流程、信息共享等需要形成一定的管理机制，确保 OKR 实施在流程管理上和工具使用上形成一定的标准，以提高组织效能。

在实施 OKR 目标管理时，拥有变革思维还需要特别关注以下三点。

1. 一把手工程

不少企业把 OKR 目标管理仅仅看成是绩效管理的工具迭代，CEO 把任务布置给HR后感觉就是HR的事情了。如上所述，无论哪家企业决定推行OKR目标管理，那就意味着该企业准备在管理模式方面进行变革，应将其视为一次变革管理。企业的CEO就是第一责任人，他必须从开始的顶层设计、项目规划、启动感召、执行推动、复盘回顾等环节都要有一定的参与度和足够的关注度，确保项目实施走在正确的道路上。

2. 目标和任务

OKR目标管理，顾名思义，首先得有目标，其次有目标分解后的任务。在OKR目标管理实施中，对目标和任务的设定及分解需要时刻牢记变革思维，就是在结构化的流程下考虑到组织、团队乃至个人的因素，而不是一味地只考虑硬性指标设定和分解。如上面举的案例，如果忽略了人的因素，只考虑到目标和任务，当实施过程中遇到组织、团队和人的问题时，那就会不可避免地遇到阻力，最后导致推行OKR的初衷落空。

3. OKR变革管理步骤

根据很多企业实施OKR目标管理的实践经验总结，推进OKR目标管理可以参照以下OKR变革管理的步骤进行：对齐认知、信心指数、赋能团队、庆祝小赢。

（1）对齐认知。实施OKR的第一步，要反复强调对企业实施OKR目标管理的意义、目的、范围、目标设定的原则、实施步骤、推进执行的跟进和辅导等，使得在实施范围内的团队能够对齐认知、产生共鸣、达成共识。

对齐认知不是简单地说说而已，而是需要有一定的策略和行动方案来支撑。比如，做过几次宣讲？是不是海报宣传？如果是通过几次会议，是大会还是小会？重点利益相关者是否要一对一地沟通？等等。

OKR负责人要有一系列的策划方案，与团队核心成员进行沟通可行后再去实施。俗话说：人心齐，泰山移。只有大家认为实施OKR目标管理与自己有关，且是自己应该参与的事情，才有可能全情投入，为之努力和奋斗。

（2）信心指数。对齐大家的认知后，需要设立OKR的目标和关键结果。此时，要引进信心指数这个指标来激发团队成员的自我效能感，让团队成员在制定目标和关键结果时就参与进来。团队成员因为参加了目标设定和关键结果的讨论，得到了充分的尊重，他们对实现目标就会产生承诺，增强信心。所以在每一次的OKR目标回顾复盘时，信心指数就像团队士气的晴雨表一样，会及时反映团队氛围，团队负责人也能通过这个指标适时地、有针对性地关心和激励团队成员，确保团队以高昂的士气不断挑战OKR目标。

（3）赋能团队。面对带有挑战性的OKR，团队中的任何一个人在执行任务时都有可能遇到困难和挑战。当我们遇到困难和挑战时，第一个产生的就是负面情绪，比如担忧、焦虑、沮丧、难过、自责等。一旦有人出现这样的情绪，就会影响整个团队的氛围，大家就有可能受到影响，甚至使团队陷入"冰冻"状态。因此，团队负责人对这种情况要有思想准备，敏感地意识到团队可能出现的这个情况，提前思考如何赋能团队的一些预案。团队负责人本身是团队的一分子，自己也是活生生的人，当团队氛围不好时，负面情绪也会对其有很大影响。那么，怎样才能赋能团队呢？唯有一条修炼之路就是突破习惯思维模式，培养自己的成长型思维，提升自己的领导力。

（4）庆祝小赢。小赢顾名思义就是小小获胜了，有个赢的感觉。小赢就是那种具体的、可见的、感觉可以控制的、能做到的事情。

笔者有一个朋友，很久没有见面了。有次见面的时候，笔者发现她的身材简直与以前判若两人。那天的她虽然穿了一条休闲职业裙，但妙曼的身姿依然可见，笔者惊叹地赞美她。她笑盈盈地说："我最近是在减肥，每天有一定的运动量并加上适当的控食。"大家都知道，减肥是需要毅力才能做到的，经常有这样的人，嘴上一直说要减肥，却没有实际行动。也有的人虽然有行动，但是经过了一段时间后，发现没有什么效果就停下来了。看到这个朋友的变化，笔者很好奇，就问她："你是怎么做到的？"她有点小得意地告诉笔者，她找了一个好教练，这个教练给她制订了一个合情合理、循序渐进的计划，每周有一个小目标，每次只要达成目标，她会给自己小小庆祝一下。比如回家给老公孩子做一顿可口的饭菜，或者约闺密出来小聚一下，或者放自己一天假……就这样不知不觉地过了3个月，她自己明显感到身体变得更轻盈了，看着镜子里的自己美美的，心情也很愉悦。虽然这只是日常生活中的一个例子，但其实在职场上也一样。

根据脑神经科学家的研究结果，我们的大脑会根据外部不同的刺激产生并释放不同的神经化学物质，其中，有一种叫多巴胺的神经化学物质是大脑最重要的具有奖励性的化学物质。当我们完成或试图完成任何满足基本生存需求的任务时，大脑就会释放多巴胺，让我们感觉身心愉悦，进而想继续去完成同样的任务。多巴胺擅长驱动我们做各种与欲望相关的事情，比如，渴望变瘦变美、渴望得第一、渴望业绩第一拿奖金、渴望爬山登顶。多巴胺给我们带来的感受是开心、愉悦、激励、兴奋，以及对做某件事寻找意义的渴望。

所以，OKR 大目标要分解成一个个可见的、具体的、有信心完成的小目标，以此树立大家的信心。完成一个小目标就庆祝一下，让身体分泌出多巴胺，驱动我们进入下一个周期的努力。

前期准备

1. 沟通和宣讲

古语说：磨刀不误砍柴工。我们做任何事情之前，必须要做好充分的准备工作。准备工作做得好不好，与这件事情最后能不能做成有很大的关系。推行实施 OKR 前必须要做的两项准备工作就是沟通和宣讲。

如本书上节所介绍的，推行 OKR 要有变革思维，而变革思维不是每个人天生就拥有的，尤其是已经有一定发展历史的公司，不夸张地说，公司管理层有不少人对变革管理是持抗拒态度的。所以，如果希望一个公司的管理层拥有变革管理思维，就需要发起 CEO 制定相应的策略和措施来影响并提高管理层对变革管理的认知和渴望。

因此，当一个公司从原来的目标管理方法到推行 OKR 这个变革管理过程的前中后期都需要制定相应的沟通策略。这里主要介绍在推行前的沟通策略。在准备期的沟通策略需要发挥前期的民意调研期和项目启动期的双重作用。所以，有必要分解一下沟通的组成结构和几个要素，以针对性地制定沟通策略。

沟通，是指信息发送者通过一定的渠道，将某一信息或意思传递给客体或对象，以期取得客体做出相应反应效果的过程。从沟通的结构上看，沟通有五个基本要素，分别是：沟通主体即发送消息的人、沟通客体即接收信息的人、沟通信息内容、沟通渠道、沟通环境。沟通策略就是从这几个要素着手进行制定，如主体策略、客体策略、渠道策略、环境策略等。OKR的前期沟通最主要的是客体策略和环境及企业文化策略。前期沟通的目的是"松土"，即在短时间内快速了解公司不同层次的人员对现行目标管理和对将要实施的OKR目标管理的认知、态度、接受程度、有什么担忧的事情、公司的显性文化和隐性文化对这次OKR变革的影响，比如公司"部门墙"严重，而OKR实施需要打破"部门墙"。因此，我们就可以通过正式和非正式沟通多了解各个部门不沟通、不合作的原因有哪些，要改变这种现状他们有什么建议，等等。所以最好采用一对一访谈、小组专题会、座谈会、问卷等不同的渠道和形式进行沟通，从而达到前期"松土"的目的。

宣讲一词在汉语解释中是宣传讲解。推行OKR目标管理法在沟通工作完成后，需要对全体员工进行宣讲，告知公司将从某年某月某日起决定实施OKR目标管理法，推行OKR对公司、对团队、对个人的意义，在推行过程中每个人的角色和责任，行动计划、任务内容、负责人等。通过宣讲让员工感受到公司对自己的尊重，对公司将要实施的OKR目标管理信息有所了解，从而解除他们的抗拒心理。

宣讲的场地、宣讲人都要有一定的仪式感，这样可以从氛围上让员工感觉到公司对这次OKR变革管理的重视程度，能够使员工在感受到自己被重视的同时，也会有一种想要投入变革中的渴望。

沟通和宣讲是在OKR推行前必不可少的准备动作，是所谓的"厉兵秣马迎鏖战，枕戈待旦再前行"。

2. OKR培训

OKR前期准备阶段，培训工作可谓是重中之重。我们在进行企业管理咨询中发现，在不少企业的管理变革遇到阻碍的原因中，对管理变革的内容、流程、技术知识等缺乏培训占了将近半数。员工不是不想变革，而是不会或不懂怎么变。

举个简单的例子，有家很小的公司的老板觉得日常费用报销事情太繁杂，有时候审批好的单子自己也忘了，于是就想把公司日常费用的审批流程搬到线上去。老板交代公司财务主管去找找好的免费审批软件。财务主管搜索了一下应用软件，发现A软件的OA审批助手比较符合公司目前规模的日常审批。公司原来线下的财务报销操作流程是所有人员将报销凭证贴好后，先拿给部门负责人审批，然后每周三之前提交给财务部复审，财务主管复审后再提交给老板终审。财务主管预测了一下，感觉如果用A软件还可以缩短整个报销周期，提升员工的满意度。于是财务主管信心满满地向公司老板提出建议，用A软件来做日常财务审批。为了提高效率，让整个报销流程缩短一周，报销时间也进行了相应的调整，从员工在线提交报销申请，到员工拿到钱整个的流程必须在3周内完成。

听到这个好消息，老板立马同意了财务主管的建议，说："可以马上执行。"但是，老板没有交代财务人员将建议整理成正式的文字内容，并出台或修订原来的财务报销制度。财务主管根据老板的指示就草率地用Ａ软件开始报审了。凡是到财务部来报销的员工，他就告知该员工说："现在开始公司用Ａ软件审批了，你回去把这些凭证上传后在Ａ软件上提交申请。"公司有员工不到50人，虽然人员规模不大，但是，如果他每天重复说这样的内容很多遍，还要有相应的解释，那真是快要崩溃了。果然一周后，财务主管说他已经累得筋疲力尽。尽管财务主管费尽心力，员工们并不满意，大家反而都议论纷纷说："太烦了，还要上传发票，还不如就手工方便。""怎么没人说啊，我们经理都不知道。""到哪里找Ａ软件啊，怎么上传啊？"等等。

看到这里，如果曾经在比较大规模的公司做过的人一定觉得不可思议，甚至感觉不会有这种现象。但这是真实的案例，一家不到50人的公司，人事外包了，公司没有正式的HR，没有人懂培训，也没有人提供培训。公司有任何变化时，都是说变就变。将日常费用审批从线下转到线上，并且在时间流程上也做了调整，这就是一个小小的变革管理，老板和财务主管都没有意识到这个问题。后来，我们建议财务主管将新的流程和操作标准要求全部用文字写下来，并将具体规定编制为制度请老板签发。然后，选定了3个下午的4~6点进行3批次的针对不同部门人员的培训，培训内容包括实施线上ＯＡ审批的意义和目的、ＯＡ审批管理制度、操作流程和要求、注意事项和异常处理办法。这样才平息了这次小小变革引起的风波。

同理可推，在前期准备中，对OKR理念、内容、流程、要求，以及目标跟进会、复盘会议如何召开等相关内容、知识、技能都要进行培训，且有些培训不是一次性的，而是伴随在整个OKR实施的过程中。只有这样，才能确保OKR变革管理中的员工不会因为知识和技能的缺乏而停滞不前。

3. 制定巩固OKR实施成果的管理机制

在准备阶段有一件重要的事情必须要做，就是制定游戏规则，即OKR执行的管理机制。有位业内著名的企业家说过："任何管理，如果不能支持业务和运营那就是真正的成本；管理如果没有机制去约束，那管理就有可能无效。"

为了使OKR实施推进有效，在前期准备阶段，对OKR实施流程中的各种跟进进度例会与复盘会议的召开频率、会议内容和要求、结果跟踪方法、目标及关键结果达成率的评估标准、目标负责人以及所带的团队达成目标后的激励措施、各部门协同的冲突管理和处理原则等，最好要制定相应的操作指引手册、管理办法、规章制度、激励政策。这些可以是一套系统的OKR管理文件，也可以是分开的子文件，归类到各自管理职能或管理流程。至于使用哪一种方法来建立OKR管理机制没有一定之规，可依据公司的管理文化而定。在建立OKR实施管理机制时，需遵循鼓励创新、简单高效的原则，切忌传统八股、守旧和复杂。

4. 系统和工具支持

实施OKR，是承接公司战略目标并聚焦公司当下最重要的业务目标。业务目标一定涉及业务数据和财务数据，所以，如果公司决定要推行OKR进行目标管理，就要思考OKR实施过程中的业务数据和财务数据与公司正在应用的ERP、CRM等管理信息系统的数据如何打通，或如何共享。

单从试运营从简原则的角度考虑，也许一套Excel表格就可以推行OKR目标管理。但是对于推行OKR实施的数据，如果无法和企业运营数据打通，在有些业务数据对齐的时候会出现烦琐、复杂、低效的情况。在实施OKR过程中，对齐目标和结果数据至关重要，每一级OKR都要承接上一级目标，同时，也要明确横向部门或工作伙伴的目标。每周都用Excel表格对齐各种数据，势必会加大部分人员的工作量，而且，手工、系统两套数据来回切换很容易搞错，对齐结果也不能一目了然，效率反而会降低。如果公司规模大的话，对齐OKR目标会变成一个庞大的系统工程，不仅是表格满天飞，每周的目标跟进会议也有可能因数据的不及时、错误等降低效率，这就违背了实施OKR秉承聚焦思维和敏捷思维的核心理念。

从国内外企业实施OKR成功的最佳实践可以发现，系统和专业工具的支持使OKR的实施效果在很大程度上得到了保证。比如，OKR的原创企业英特尔、谷歌均开发了自有的OKR系统，帮助组织内部快速进行数据化的目标管理。国内的字节跳动开发的飞书OKR也能提供信息共享的功能。飞书OKR在组织各部门的协同管理方面做得比较好，在产研和项目过程方面还在持续研发和打通过程中。

百度、小米用的是Worktile企业协作办公平台。

Worktile是目前国内比较成熟的应用于OKR实施的系统工具，它根据OKR的实施过程分成了以下五个阶段。

第一阶段，启动阶段。包括确定明确的实施周期。

第二阶段，制定目标和关键结果。分成设定层级清晰且具备关联性的目标，设定明确的、可量化的关键结果。

第三阶段，公示阶段。包括目标及关键结果公开透明、全员可见，成员参与讨论与修改。

第四阶段，执行与评估。包括随时更新进度、沟通与协作、评估成员的参与度、评估目标进度。

第五阶段，评分与复盘。包括结果评分与复盘评分报告。

以上是从OKR目标的启动、目标设定、展示、执行中的数据更新到关键结果评分整个OKR完整的周期管理，尤其将目标与具体的任务和项目关联打通了。可以说，Worktile不失为一款为OKR量身定制的系统管理工具。

另外，有一个专为研发团队打造的系统平台PingCode。PingCode是目前最新一代的研发管理平台，它让研发管理实现了自动化、数据化、智能化，支持Scrum、Kanban等多种敏捷方法以及敏捷管理。PingCode有七大子产品和应用市场支持产品研发全生命周期管理，比如目标管理、需求管理、产品路线图、版本管理、项目/任务管理、缺陷管理、测试管理、团队知识库、计划分配资源、可视化、效能度量等。七大子产品其中之一Goals产研OKR目标管理实现了与研发全流程的关联，使研发的敏捷管理成为可能。

目标链路

链路在通信术语中是指无源的点到点的物理连接;在互联网用语中是指业务活动中的链条和路径,中间没有任何其他的交换节点。OKR的目标链路就是把OKR从公司到部门,再从部门到个人这条衔接非常紧密的链条呈现出来。

1. 绘制OKR全景图

在明确OKR链路前,要先绘制OKR全景图,通过提炼OKR目标管理的6个核心要素勾画OKR全景图。

关于OKR目标管理的6个核心要素,我们可以用5W1H工具清晰地阐述(见图4-1)。

```
What—目标是不是紧扣战略?有没有挑战性?方向是否明确且鼓舞人心?
Why—为什么设定这个目标?是否经过上下对齐目标的过程?
Who—执行主体是谁?执行者的意愿多大(信心指数)?
Where—什么场景?O的KR是什么?
When—何时完成?为什么定这个时间(时间节点)?
```

How?

Results——结果是什么,如何衡量?

图4-1　OKR目标管理核心要素图

What：我们要用OKR做什么？假如公司推行OKR是为了更好地完成公司的战略目标，对实现目标过程进行有效管理。那么，这个目标是否描述了公司的愿景或想要去的地方？如果可以用画面来描述或画出来，目标实现后将会是一幅什么样的图景和画面？目标是不是紧扣公司的发展战略？是不是一个具有挑战性且鼓舞人心的目标？公司层面的目标示例如下。

- 提高公司投入产出比——财务维度；
- 成为细分市场的领头羊——市场维度；
- 提高客户满意度——客户维度；
- 某产品成为客户的首选——产品维度；
- 升级管理系统，提高运营效率——内部运营维度；
- 打造组织能力，建立一支人才梯队——组织维度。

Why：公司为什么制定这个目标？这个目标的实现与否对公司愿景和使命有什么影响？目标上下对齐过了吗？是采用什么方法对齐的？

Who：目标的执行主体是谁？谁会对这个目标最终负责？执行者的意愿有多强？目标执行过程中，会涉及哪些部门和哪些人？这些部门和这些人对目标以及目标的设定了解多少，有什么想法？

Where：目标的实现场景是什么，会在哪里发生？目标实现后的关键结果是什么？关键结果是否可视化，是否能具体和可衡量？公司层面的关键结果示例如下。

- 销售额同比增长30%——量化指标类；
- 大客户销售量同比增长20%——量化指标类；
- 某月完成产品设计流程优化——里程碑类；

◆ 第二季度开设 5 个外省分部——里程碑类；

◆ 第三季度前完成招聘关键岗位人才 15 名——量化 + 里程碑类；

◆ 通过培训使华南地区销售额同比翻倍——过程 + 量化类。

When：目标和关键结果希望完成的时间节点是什么时候？为什么定这个时间节点？这个时间节点完成目标对公司的总体战略和组织发展有什么支持，对公司的品牌形象、抢占市场有什么帮助？

How：如何实现目标？有哪些策略和措施？有什么具体的任务和行动方案？如何衡量关键结果？衡量的标准、要素、数据分别是什么？数据从哪里输出？

回答了关于 OKR 的 5W1H 后，绘制 OKR 的全景图（见图 4-2）。

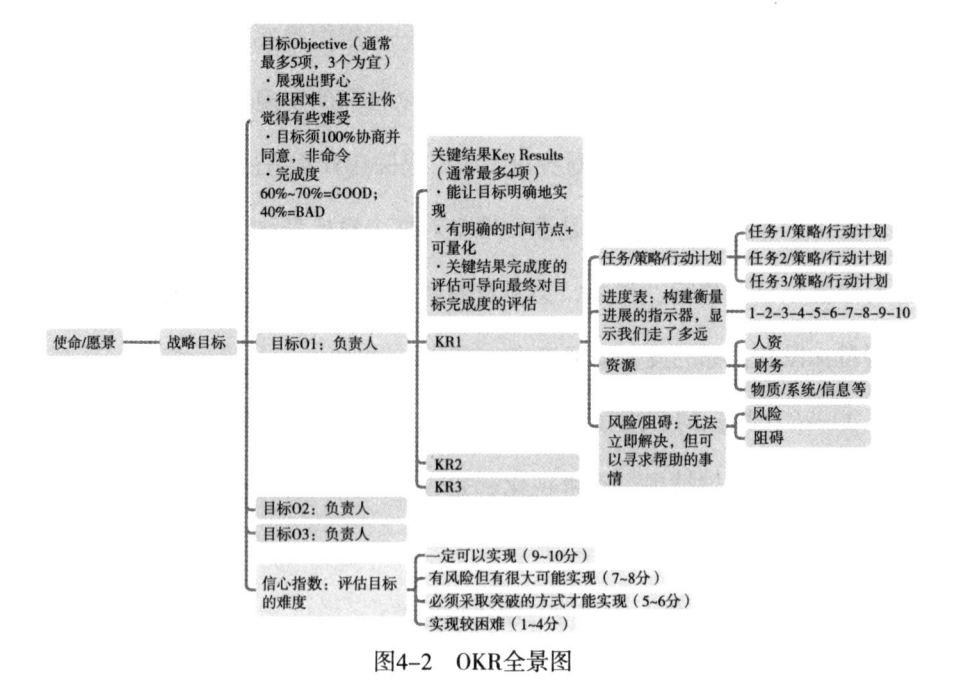

图4-2　OKR全景图

2. 明确目标链路

下面是一家口腔医院计划新开一家牙诊所的目标链路。这里用其中一个OKR的目标O1往下分解为例，说明如何绘制目标链路（见图4-3）。公司目标O1主要分解了4个KR，具体如下。

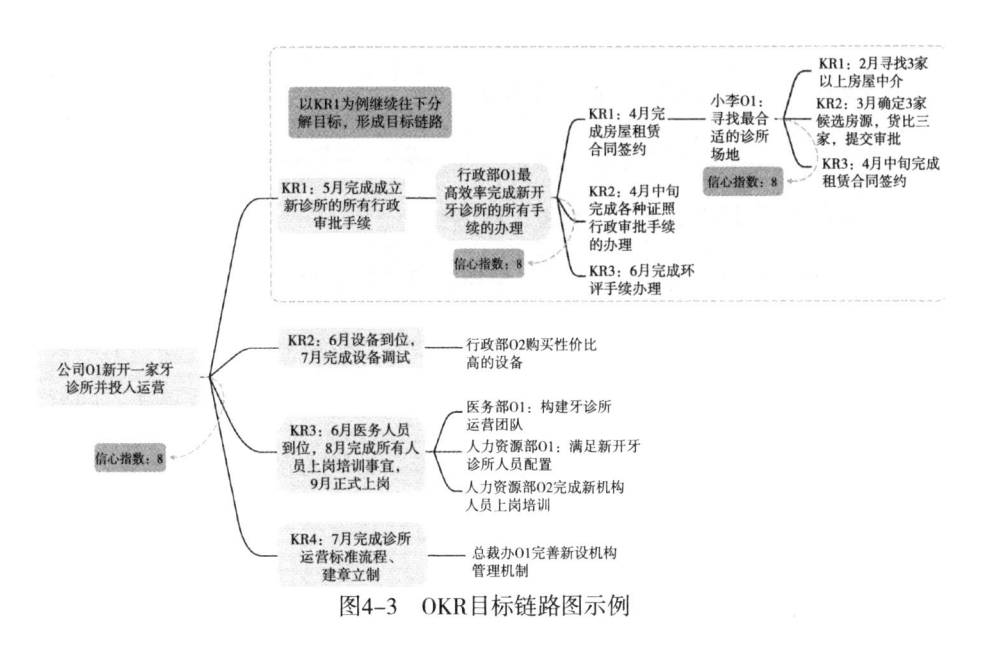

图4-3　OKR目标链路图示例

KR1：5月完成成立新诊所的所有行政审批手续；

KR2：6月设备到位，7月完成设备调试；

KR3：6月医务人员到位，8月完成所有人员上岗前培训事宜，9月正式上岗；

KR4：7月完成诊所运营标准流程、建章立制。

根据KR1关键结果，行政部设立了部门的O1为最高效率完成新开诊所手续办理。行政部门为了目标O1，设立了3个部门的KR，具体如下。

KR1：4月完成诊所房屋租赁合同签约；

KR2：4月中旬完成各种证照手续的办理；

KR3：6月完成环评手续办理。

行政部小李是资深行政专员，办公场所房屋租赁是他的本职工作之一。他根据部门的目标制定了自己的O1，即寻找最合适的诊所场地。同时，又设定了3个KR，具体如下。

KR1：2月寻找3家以上房屋中介公司；

KR2：3月确定3家候选房源，货比三家，提交审批；

KR3：4月中旬完成房屋租赁合同签约。

从上面的例子可以看到，OKR链路就像套娃一样，从公司目标到公司关键结果KR，再到部门目标、部门关键结果，最后到个人目标、个人关键结果。每个层次的目标，都需要有一定的挑战性和难度，这样才会倒逼目标完成。通过这个倒逼过程，为完成目标争取更多的时间，激励员工不断挑战不可能，提升岗位胜任能力和领导力。

闭环管理

闭环管理的概念，来自美国质量专家沃特·阿曼德·休哈特所提出来的PDCA循环管理，后来经过戴明采纳、宣传以及普及而为大家所熟知，又被称为戴明环管理。戴明环将质量管理分为4个阶段，分别是Plan（计划）、Do（执行）、Check（检查）和Action（行动）。无论是生产产品，还是一个工程项目，任何管理活动要确保其有效性，就必须按照这个循环来跟进实施进度，最终才能获得预期的结果。

OKR实施路径具备了闭环的基因，所以对于任何任务或工作，如果不闭环就看不到结果，也无法进行衡量和评估（见图4-4）。

用PDCA实施闭环

1—Plan
1. 各部门/中心/地市中心制定OKR
2. 对齐公司与各部门的OKR，形成O链导图
3. 制定实施细则及激励办法

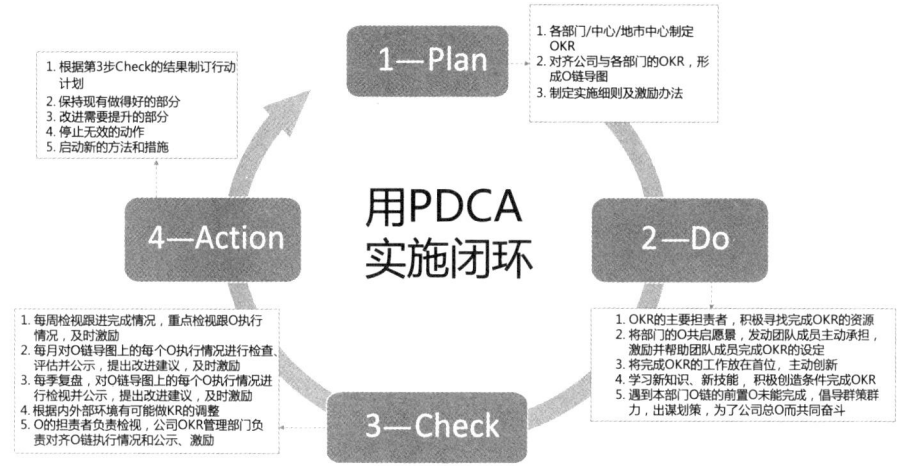

2—Do
1. OKR的主要担责者，积极寻找完成OKR的资源
2. 将部门的O共启愿景，发动团队成员主动承担，激励并帮助团队成员完成OKR的设定
3. 将完成OKR的工作放在首位，主动创新
4. 学习新知识、新技能，积极创造条件完成OKR
5. 遇到本部门O达成条件O未能完成，倡导群策群力，出谋划策，为了公司总O而共同奋斗

3—Check
1. 每周检视跟完成情况，重点检视跟O执行情况，及时激励
2. 每月对O链导图上的每个O执行情况进行检查，评估并公示，提出改进建议，及时激励
3. 每季复盘，对O链导图上的每个O执行情况进行检视并公示，提出改进建议，及时激励
4. 根据内外部环境有可做做KR的调整
5. O的担责者负责检视，公司OKR管理部门负责对齐O链执行情况和公示、激励

4—Action
1. 根据第3步Check的结果制订行动计划
2. 保持现有做得好的部分
3. 改进需要提升的部分
4. 停止无效的动作
5. 启动新的方法和措施

图4-4　OKR的PDCA闭环循环图

第一步是Plan即计划内容。OKR的闭环管理与传统的目标管理一样，也是从制订目标的计划Plan出发，把OKR工作纳入年度规划和月度工作计划中，包括公司、部门制定OKR，对齐公司和部门的OKR，形成OKR链路闭环。在制订计划时要将OKR的实施细则及激励办法纳入计划管理中。

第二步是Do即执行。执行就是要有结果的行动，把目标转变成结果的过程。执行工作做得好与坏，直接关系到公司的重大决策和领导意图是否能正确有效地落实，是衡量各项管理工作优劣成败的标准。执行力对一家公司而言，是目标成功的关键要素和必要条件。没有执行，再好的决策、再好的策划、再好的行动方案都是纸上谈兵，不会有任何结果。

所以，执行是推行OKR步骤中非常重要的阶段和环节。这里总结了比较重要的几点，一是OKR的担责者要积极寻找完成OKR的资源，整合可利用的资源为实现目标服务；二是在各个事业板块、部门、团队各级组织共启愿景和目标共识，发动团队成员主动承担，激励并帮助团队成员完成OKR的设定；三是将OKR的工作放在首位，遇到挑战时带领团队创新性地解决问题；四是执行中可能会遇到本部门或本人的OKR有个前置的任务，但其他部门或其他同事的还没有完成该任务，这就影响了自己部门或自己任务的完成。此时，正是体现一个人协同、合作、建设性地解决冲突等领导力的时刻，遇到这样的时刻，执行者需要先动用非理性的领导力部分去同理和感受对方的感受，营造互相信赖的氛围，等双方都打开了心门，再回到理性业务和任务层面讨论业务，只有这样，大家的感觉和创意才会迸发出来。

第三步是Check即检视环节。这个环节是PDCA中迭代更新的环节，也是闭环中承上启下的环节。如果任务缺乏闭环管理，很多时候都是在这个环节做得不够彻底。检视意味着检查和看到。OKR推进需要团队非常敏捷，周任务跟进是一定要去做的工作，通过周跟进目标达成率可以及时发现问题，如果完成情况良好就可以按原计划推行甚至提速。

每周跟进还有一个重要作用，就是可以感受团队士气、团队在完成任务时每个成员的状态，了解大家对完成目标的信心指数。如果有人状态不太好，信心指数下降，团队负责人就可以及时关心和干预，使团队氛围时刻处于正向能量场中。

除了每周检视，还有每月回顾评估，回顾月目标完成情况，评估团队进度。团队与大团队进度比较，是领先了还是掉队了？回顾制定的策略性工作是否有效。团队与其他团队之间的协同情况如何？自己的团队是否支持到其他团队？请求其他团队支持时，是否得到相应的支持？等等。

根据月度回顾的情况，团队负责人需要及时调整工作重点，抓住主要矛盾，促进团队的工作进度与大团队的工作进度步调一致。在检视阶段有一个重头戏就是季度复盘。OKR 目标设定大多数以季度为一个里程碑性的节点，年度 OKR 一般也是被分拆到四个季度目标。季度复盘不是简单地让大家做个工作总结和汇报，提出改进措施，而是团队对目标设定到结果输出之间的整个过程进行回溯重演，分析成功的经验和失败的教训，反思团队合作、团队领导力，团队成员表现、个人专业胜任力和领导力，从而为下一步的目标达成打下基础。

第四步是 Action 即行动。在第三步检视的基础上，为了达成下一阶段的目标，团队根据周跟进、月回顾、季复盘，每一个周期节点的检视后输出的结果，包括改进措施、挑战策略、行动计划等去执行。保持有效的做法，改进能够改进的部分，停止无效的管理和行动，及时止损，启动新的策略和方法，一切工作都围绕着达成目标并促进团队成长而进行。

信息共享

信息共享这一环节是OKR目标管理的独特亮点，也可以说是与其他目标管理差异化的地方。不少企业内部都存在跨部门沟通的问题，有从事企业管理研究和实践者给这种现象起了一个形象的名字，叫"部门墙"。

笔者有个认识的企业家，他对这个"部门墙"现象很头疼。他和我说："公司那些中层管理者彼此不沟通。公司有食堂，他们每天都在一起吃饭，但是就是不愿意沟通。很多工作上的小事情，本来大家一起吃饭时就可以把事情沟通完了，可是他们大事小事都要拿到会议上来讨论，导致工作效率不高。"另外，我们有个客户今年刚刚兼并了一家新公司，两个公司成为一家公司融合后，由于两家企业文化略有不同，一个是跨国公司范儿十足，另一个是民营企业的风格，跨部门沟通的难度可想而知。有个管理者说："公司不同的部门职责不同，负责人的风格也不同，我们要协调一些事情，不能贸然去做，有些信息也不是第一时间知道和了解的，跨部门之间的沟通真是太难了！"

上面两个小例子只是管中窥豹，但不可否认的是，想打破"部门墙"的企业一定不是少数。值得庆幸的是，OKR这个工具倡导团队协作的思维，将目标作为整个公司的焦点，公开共享OKR，使整个公司的若干个小团队都围绕着完成公司目标开展工作。目标如同交响乐指挥手中的指挥棒一样，让整个公司的业务、运营、资源等信息流动起来。OKR最大的特点不是它对于日常运营方面的管理，而是它通过公开共享OKR成为公司的一种战略沟通工具，并逐渐形成一种良性的沟通机制。

以前的"部门墙"在很大程度上就是因为信息不对称而导致的。在全公司共享OKR信息的情况下，每个部门不仅知道自己部门的工作任务的优先项，也知道其他部门的工作及优先项，还可以看到部门之间工作的链路如何，在信息对称的情况下，大家就多了一份理解，也更能够同理以待对方，在兄弟部门出现困难时也就更愿意伸出援助之手（见图4-5）。

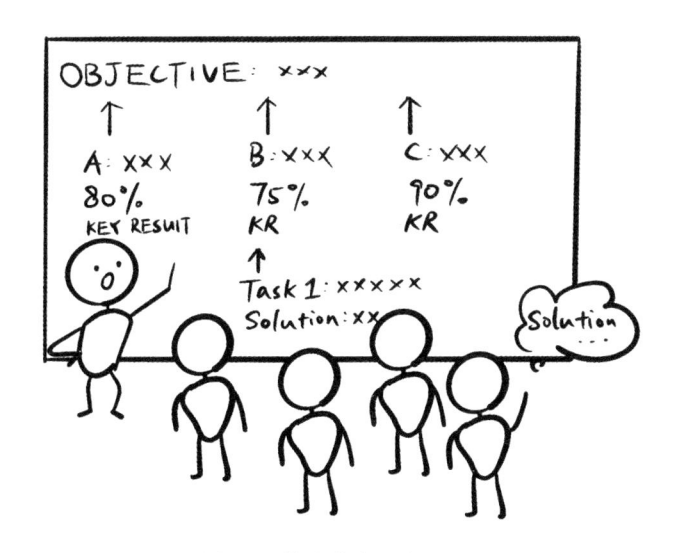

图4-5　信息共享示意图

目前，很多公司虽然知道这个道理，但在实际运作中，因公司以前的惯性还是不能很好地共享OKR信息。如果公司CEO真正希望将OKR理念及方法在公司贯彻下去，那么，信息共享这个步骤一定要重视，甚至可以制定一定的管理方法来制约和规范OKR信息共享和沟通的行为，确保OKR推行不走形、不变样。

成就激励

OKR有效实施六步法的最后一个步骤是成就激励。这一步与第一步变革思维头尾呼应，是OKR实施中关注人的两个步骤。中间的前期准备、目标链路、闭环管理、信息共享都是在讲OKR这件事情怎么做。但是，再好的事情，如果没有人去执行、去落实，事情还是老样子，它不能产生结果。所以，在开始推行OKR目标管理前，要培养大家的变革思维，在OKR推行过程中，需要激发员工的内驱力，让员工体验到成就感。

跻身全球50位最具影响力的商业思想家行列的、美国著名的趋势专家丹尼尔·平克，在2009年的一次演讲中提出了一个观点："真正驱动我们的是驱动力3.0。"在丹尼尔·平克所著的《驱动力》这本书中，他介绍了科学家们发现人类有三种驱动力。第一种驱动力是生物性的驱动力，人类以及其他动物饮食以止饿、饮水以解渴、交配以满足性欲；第二种驱动力则来自外在动机，主体做出特定的行为时会得到来自环境的奖励或惩罚；第三种驱动力来自内在动机，人们想要主导自己的人生、学习并创造新事物、让自己以及周围的世界变得更好。研究人员也发现了人类有发现新奇事物、进行挑战、拓展并施展才能，以及探索和学习的内在倾向。但是，第三种驱动力比另外两种脆弱，它只有在合适的环境下才能存在。丹尼尔·平克称第三种驱动力为驱动力3.0，他认为驱动力3.0时代已经到来。

在全球范围内，我们看到越来越多的人放弃收入不菲的高薪职位，接受一份收入低但很有使命感的工作。笔者身边就有这样一个朋友，她从海外留学回来在500强外企任职十多年，两年前她裸辞，回到家乡从事乡村教育工作。有一次，我问她为什么会做这样的选择，她脸上带着祥和的神情说："我从小就想在乡村教书，阴错阳差一直没有走这条路。现在正好有这个机会，这里需要老师，而我也可以出一份自己的力量，顺便还圆了我的梦。"她那么超然、从容地说着这些话，笔者看着她说话的时候，脸上好像有种淡淡的光散发出来，很美！这应该就是丹尼尔·平克所提出的驱动力3.0在起作用。

丹尼尔·平克在《驱动力》一书中介绍说，驱动力3.0有三大要素。第一，自主，即我做什么由我决定。第二，专精，即把想做的事情做得越来越好。第三，目的，即超越自身的渴望。这三大要素与OKR工具的核心理念不谋而合。

OKR目标管理希望目标的设定是自下而上的，员工有自主的感觉，做什么由自己决定，这完全符合自主的要素。

第二个要素专精是由心流开始的，即当人们所面临的挑战与其能力恰好吻合时就会有心流产生，并产生内驱力一定要完成这项工作。专精是一种思维模式，它不认为我们的能力有限，而是认为我们的能力可以无限提高；专精也是一种痛苦，它需要努力、坚毅以及刻意练习；专精是一条渐进线，它不可能完全实现。这正是OKR设立目标时的标准和要求。OKR的目标有挑战性，完成度在60%~70%之间是最好的，这样的目标有牵引力，让人对目标有遐想，也有执念。

内驱力3.0的第三个要素目的强调的是唤醒人类心灵的能力，即完成目标的行为已经超越了自身的渴望。实施OKR目标管理，人们在完成任务的过程中，要时时唤醒自己找到一种使命感，觉得做的事情于公司、于自己都非常有意义，是伟大而长久的事业。驱动力3.0的研究者发现，它能够将目的最大化与利润最大化融合，成为人们的远大志向和行动指南。OKR目标是企业的经营性目标，这个经营性目标肯定带有利润最大化的色彩，但是当要求OKR目标一定要能鼓舞人心，让人产生一定要完成的冲动时，这些自带闪光的目标就能激发员工敢于去做超越自己能力范围的事情，挑战自我。

研究人员发现，人类天生就是目的的找寻者。积极心理学大师米哈里说过："如果一个人感觉不到自己从属于更伟大、更长久的事物，那他就没法过上真正精彩的生活。"

由此可见，一个符合标准的OKR目标，能激发员工3.0版的内驱力，完成OKR目标的成就感就是对员工最有效的激励。

第五章　OKR的长效机制——复盘

慎终如始，则无败事。

——老子

重识复盘

记得笔者上高中的时候，父亲教笔者学习下围棋。印象最深的就是下完一盘棋后，不管是笔者赢了还是输了，我们总是把刚才下的棋子再重新走一遍。在这个过程中，父亲会告诉笔者，某个棋子如果换个位置堵住气眼，后面的局势就完全不同。有时候，父亲还会让笔者再下一次，看一下笔者能不能掌握他教的方法，并且最后取胜。这就是留在笔者记忆中的围棋复盘。

多少年后，笔者已经成为一家公司的中层管理者。有一次，笔者看到一位著名企业家在一次论坛中介绍管理模式和经验时，将复盘作为企业当时最重要的管理变革，要求企业从上到下每个人都要有复盘的意识，要学会复盘。该企业家把围棋的术语"复盘"成功引用到企业管理中，并将"复盘"的概念深化和赋予了更多的内涵。那一刻，笔者一下子就理解了复盘还有更重要的价值和意义，我们可以学会如何在管理中应用复盘，让我们的工作做得更好。

通俗地讲，复盘就是我们把做过的事情再重演一遍。通过这个重演的过程，反思我们的思维模式和行为方式，探究为什么会这样想，探寻为什么当时会这么做，查找并分析原因，找到成功的规律和失败的原因，关键是观察团队的集体无意识和个人冰山下的自我觉察。

复盘有大复盘、小复盘。大到一个企业的战略实施结果、一座大桥建成、一次大型活动、招聘一个关键岗位的人，小到我们个人参加一次考试、举办一次郊游活动等，这些都可以复盘。通过复盘觉察我们的思维模式和行为模式，不断修炼和改善，把每一件事情做得越来越好，让我们自己变得越来越好。

复盘主要分为4个最主要的步骤GRAI，分别是：回顾目标（G）、评估结果（R）、分析原因（A）和总结规律（I）。

复盘的第一步是回顾目标。这一步非常重要，它是对复盘对象的一个锚定，只要锚定这个目标后，大家就会朝着这个目标方向而努力。这就是所谓的锚定效应。锚定效应是一个心理学名词，指人们在对某人某事做出判断时，易受第一印象或第一信息支配，就像沉入海底的锚一样把人们的思想固定在某处。作为一种心理现象，锚定效应普遍存在于我们日常生活和工作的方方面面。如我们做一件事情所设定的目标，这就是对那件拟做事情希望达到什么样子或什么程度的一个锚定。这个锚定会折射我们内在的需求。

所以，回顾目标就是要回顾当初设定这个目标背后的想法是什么、目的是什么、为什么要设定这个目标、这个目标与公司发展和个人成长有什么关系、如果目标实现了会呈现什么样子、我们要达成的目标有哪些里程碑等，尽量将设定目标的初心、想要实现的目标图景描述出来（见图5-1）。

回顾目标
当初的目的是什么
（期望的结果）

要达成的目标&里程碑

回顾目标
Goal

评估结果
（实际结果）

差距

评估结果
Result

愿意被挑战
对事不对人
创新求变
把事情做到极致

总结规律
经验&规律
（不要轻易下结论）

总结规律
Insight

分析原因
Analysis

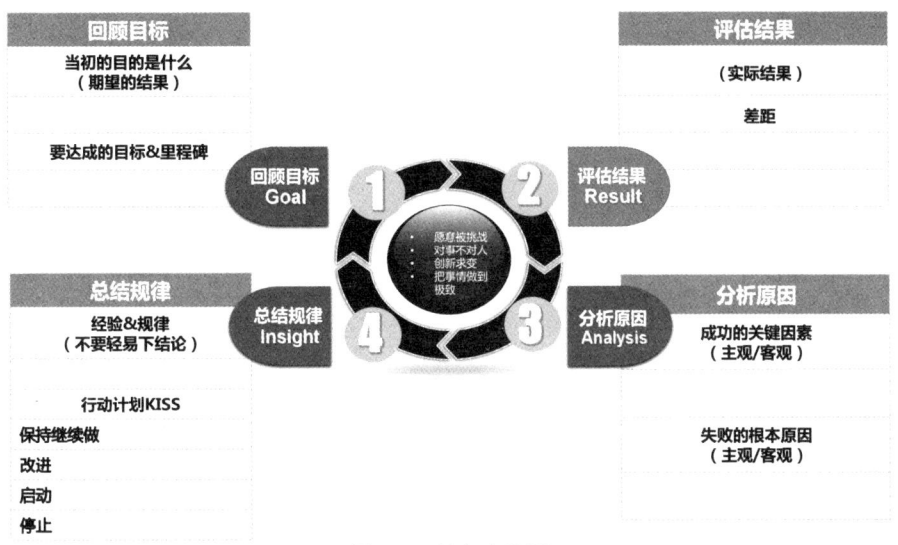

分析原因
成功的关键因素
（主观/客观）

失败的根本原因
（主观/客观）

行动计划KISS
保持继续做
改进
启动
停止

图5-1　复盘步骤图

复盘的第二步是评估结果。复盘是对一件已经完成的事情的重演，就是说，事情的结果已经出来了。所以，我们在复盘之前不妨先对结果进行评估，看一看事情的结果怎样，与当初设定的目标和期望的结果相比较，哪些完成了、哪些超越了预期、哪些没有达到。目标是主观的想象，结果是客观的实相，中间的差距就是我们可以反思和需要分析的地方。

复盘的第三步是分析原因，也是复盘重演的重头戏。在这个步骤，我们需要对所做过的事情从头到尾在脑海中像放电影一样回想一遍。由于人的记忆时长是有限的，有时候会出现偏差，所以，做复盘最好是所有参与这个项目和事件的人都能参加，大家的记忆碎片聚集在一起，尽量将整个过程还原，不放过任何细节，将过程中做得好的和做得不够好的都列出来。做得好的是谁负责了，当时是什么场景？负责的成员是怎么想的？当呈现效果后，他的感觉如何？其他在场的人看到他这样做的时候，感觉如何？有哪些经验和规律可以总结？成功的背后有什么不变的东西？等等。做得不够好的地方，也要分析一下原因：当时出现了什么情况？原来的行动计划为什么变形了？是人为的原因，还是客观的原因？有哪些原因下次可以规避？等等。

复盘的最后一步是总结规律。经过复盘后我们有什么洞察，可以总结哪些规律？总结规律后我们要如何行动？这时可以用KISS工具，即复盘后的4个动作，具体如下。

（1）K（Keep）保持。保持做得好的地方，形成流程和标准。

（2）I（Improve）改进。改进做得不足的地方。

（3）S（Start）启动。启动复盘后所制定的新策略和新措施。

（4）S（Stop）停下。停下无效的动作。

在这4个行动步骤中最需要注意的是Stop这个动作。复盘和工作总结很像，如果你把复盘当成是工作总结时，基本上这个Stop就可以忽略不计了。

笔者曾经为一家企业的共享中心做复盘工作坊。每个职能模块在复盘时没有一个模块的负责人提到需要停止的动作，最多总结的是改进。如果没有意识到需要停止的动作，那么可能偏向的是回顾总结而不是严格意义上的复盘。

那么，介绍了这么多复盘的定义和步骤，它对OKR来说有什么价值呢？

OKR目标管理是从目标到关键结果的过程管理，而这个过程如何去管理？通过什么方法去管理，才能使关键结果最接近初始设定的目标？将复盘的4个步骤与OKR的过程管理完美结合，在OKR推行中，为了挑战不可能，我们时时刻刻伴随着复盘。在时间上，利用周复盘、月复盘、季复盘、年复盘看目标的进度与预期的进度相差多少。在复盘范围和对象上，通过公司复盘、团队复盘、个人复盘看组织的团队领导力，个人的思维模式和领导力。复盘就像OKR的供血系统一样，为OKR目标管理过程不断输血，赋予OKR生长的活性能量，让OKR成为企业发展中进行目标管理的长效机制。

复盘可以说让OKR目标管理有了生命，它可以让OKR一直"长"下去。除此之外，通过对OKR的复盘还可以催生企业文化迭代。

根据百度百科上的定义，企业文化是在一定的条件下，企业生产经营和管理中所创造的、具有该企业特色的精神财富和物质形态。它包含了企业使命和愿景、文化价值观、企业精神、道德规范、行为准则、文化环境等。其中，文化价值观是企业文化的核心，因为它是决定一个组织是由什么样的人组成的，这个组织招人的标准是什么。在公司里的员工会环顾四周问：我在与谁为伍？我在与谁同行？我愿意在这个团体中吗？所谓"人以群分，物以类聚"的底层逻辑，就是文化价值观在起作用。

20世纪90年代后期，笔者刚来上海，当时在一家创意智策公关公司工作，公司主营业务是为500强外资企业提供市场公关策划服务。记得当时公司的文化价值观中有一个词是"创意"。公司老板很用心，不管在办公室选址和办公室装修硬件配置上，还是在软件公司氛围营造上，都尽量体现创意的内涵。尽管公司的业务非常繁忙，但是每天下午整个办公区就开始播放着轻音乐，空气中飘着咖啡香，让大家天马行空地说说看到了什么新鲜事儿和奇特事儿。上班着装没有特别规定，只要不穿奇装异服就行。每次开会讨论一个公关项目，大家可以大胆地说出自己的无厘头点子，不用担心有人评判或嘲笑。同事之间的称呼统一用英文名，名片上的职务主要是对外时采用，在公司内部没有职位上的大小之分，彼此平等而自由。自认为缺少创意的我，在那样的氛围营造下也越来越有创意，经常也会冒出好的想法或金句。

后来，机缘巧合之下笔者来到一家管理咨询公司工作。公司业务同样是面对大企业、大客户，只是这次的客户企业主要是以国内大型上市公司为主。这家咨询公司的文化价值观也很有自己的特点，记得有"卓越"和"专业"这两个核心价值观。这家公司的风格与上一家公司完全不同，整个办公楼就像一所研究院，到处体现出专业和严谨，每天要穿着显得很专业的职业套装上班，只有在周五才可以穿休闲装，同事之间互相称老师或某某总。召开项目会或日常管理会议时，大家都比较严肃，一般发言比较多的人是副总、总监等资深人士，其他人不太敢说话。笔者刚进公司时，看到周围都是精英，有种林黛玉刚进贾府一样的感觉，不敢多说一句话，就怕做错事情。现在想想这应该就是一种文化的象征。

上面是笔者自己亲身经历的两家文化价值观截然不同的公司，各自的文化都有其特点。很多公司和这两家公司一样，都有自己独有的企业文化和核心价值观。我们想象一下，如果在这两家公司推行OKR目标管理，会发生什么情形？由于OKR的价值理念是聚焦、创新、协同、敏捷，与每家公司的文化都不尽相同，在推行OKR的过程中就有可能产生文化冲突。

因此，如果要使OKR的推行取得比较好的效果，就要将企业原有的文化价值观和OKR的价值理念进行融合，进而迭代企业文化。这个融合、迭代的过程可以通过OKR复盘来实现。

为什么复盘可以实现企业文化的迭代？是因为我们发现，大多数企业决定要推行OKR目标管理都是基于企业业务发展的需要，在推行OKR之前的准备工作中一般也不会去修订企业文化。所以，只有在OKR复盘时才会发现因文化价值观冲突所带来的低效或无效，也只有在复盘时才会针对低效和无效的策略、行为、价值观进行反思、探索和共创新的文化价值观，使新的文化价值观涌现出来，更有利于企业的发展和更适合时代的发展趋势。

将企业文化价值观和OKR的价值观理念融合，不仅促进迭代升级企业文化，也能有效推进OKR目标管理，并促进企业可持续发展。

公司OKR复盘

1. 对接战略制定和战略实施

企业级的OKR复盘通常在稍长的周期进行，比如季度复盘、半年度复盘和年度复盘。参加复盘的对象一般是企业中高层管理者，复盘的目的是针对制定的目标和关键结果之间的差距，首先要从对接战略制定和战略实施进行审视和反思。

复盘的问题清单，一般有如下几点。

关于战略制定

◆ OKR 目标与企业的使命和愿景有何关系？

◆ OKR 目标的哪个维度体现了企业的战略意图？

◆ OKR 目标与企业的战略目标之间有何关系？

◆ OKR 目标在哪个维度体现了对市场的洞察？

◆ 哪个 OKR 目标必须有创新意识才能完成？

◆ OKR 从 O 到 KR 的实施路径，哪里可以进行优化？

关于战略实施

◆哪个差异点反映了企业财务管理的竞争力？

◆哪个差异点可以洞察企业运营管理的竞争力？

◆哪个差异点能洞察企业文化的竞争力？

◆哪个差异点可以检视企业的组织能力？

◆哪个差异点可以检视企业的人才密度？

◆从结果评估，可以看到企业哪些方面是优势？哪些方面是弱势？

◆ OKR 目标和结果的差距与预期的结果相比较有哪些异同？

◆从结果评估和差异分析方面来看，企业战略上需要做哪些调整？

以上问题不是简单地用一两句话或思考十几分钟就能回答的，要求企业的中高管们要像 CEO 一样去思考。参加企业 OKR 复盘的管理者们需要"揪头发"站高一线，以企业发展和前瞻性的视角去准备复盘，把每一次复盘都看成是一次思维的跃迁和团队领导力的提升，切记避免以事论事地在细节里打转，或者把复盘会开成了工作总结会。

上面是从宏观层面进行了复盘和反思，企业OKR复盘还要对微观层面的实施计划和组织部署进行必要的复盘。OKR目标要求聚焦在少数2~3个非常有挑战性的目标上，整个企业在OKR计划的时间内，必须集全企业之力组织协调精兵强将完成OKR目标。

根据OKR目标和评估结果的差异，重新回顾目标链路规划、OKR信息实时共享、各部门OKR承接、重点任务和关键节点的负责人的安排、时间计划、部门之间协同、需要突破的创新点、团队成员的信心指数、里程碑庆祝等，从一系列的过程节点上来反思当时是如何思考的、如何讨论的、如何做出决定的以及如何开展行动的。

如表5-1所示，是某企业OKR复盘项目表，可以用作参考。

表5-1 OKR复盘项目表

反思/探索点	如何思考的	如何行动的（关键词）	评估（1差~10好）
高管亲自参与			
前期宣导和培训			
OKR实施管理办法			
目标链路			
承接部门			
时间计划			
信息共享			
重点任务负责人			
关键节点负责人			
沟通			
冲突管理			
创新主题			
突破点			

续表

反思/探索点	如何思考的	如何行动的（关键词）	评估（1差~10好）
最闪耀的点			
最沮丧的点			
信心指数			
里程碑庆祝			
跟进周会			
检视月会			
季度复盘			

企业级OKR是直接承接企业战略的举措，所以复盘不能让它轻易滑过，要把它看成是一次企业中高管的系统学习和思维的刻意练习，以提高中高管们的战略认知，达成战略共识。

2. 建设人才梯队

在实践中我们发现，企业OKR复盘还有一个对组织发展的附加值，那就是建设人才梯队。

企业无论大小，只要企业有发展的规划就需要有人才梯队。人员规模大的企业都会在年度进行一次人才盘点，根据企业的战略需要和企业文化价值观建立企业的人才能力模型，并对企业人员进行盘点，建立人才梯队。人员规模小的企业也会在年底的时候对人员盘一盘，看看有哪些人来年可以委以重任。

OKR复盘是围绕OKR实施过程这件事，对团队和人员的思维模式、行为方式进行反思、探索、萃取，看似对事，实质是对人的复盘。每一次复盘都可以看到不同人的思维模式和行为表现。

OKR复盘就像赛马一样，需要经历一轮又一轮的比赛，如果团队里有人才一定会"显山露水"。所以每一次复盘，组织者只要有意识地留心观察和记录，就能发现人才。我们也可以每次复盘后用一个二维码，请参与人员做个小调研（见图5-2）。

> 今天的复盘，根据你的观察，你觉得：
> ◆ 谁最能深刻地反思？
> ◆ 谁对现存问题提出了比较尖锐的意见？
> ◆ 谁提出了建设性的意见？
> ◆ 谁最具有成长型思维？
> ◆ 如何评价你自己在复盘中的表现？
> √ 反思的（1~10）
> √ 有洞察的（1~10）
> √ 开放的（1~10）
> √ 有独立见解的（1~10）

图5-2　复盘小调研

大家在复盘中都可以尽情地展示，每个人的行为表现是公开透明的，谁都看得到彼此的表现，这也体现了一定的公平性。所以，借助企业的OKR复盘，我们可以发现人才、培养人才，建立助力企业发展的人才梯队。

团队OKR复盘

一听说团队这个词，大家脑子里想到的是4~5个人，或者6~7个人的小团体。美国著名的管理学教授，组织行为学的权威斯蒂芬·P.罗宾斯给团队下的定义是：由两个或者两个以上的相互作用、相互依赖的个体，为了特定目标而按照一定的规则结合在一起的组织。也就是说，最小的团队可以是两个人。

推行OKR的企业都有一个体会就是，OKR目标通常是分解到部门下面的一个个小团队来承接，最少的是2人搭档，最多的是6~7人组队。OKR要求聚焦、结果导向、信息公开和敏捷，这些在小团队层面相对容易达到，小团队也体现了它特有的灵活、敏捷和高效的特征。

那么，针对团队OKR复盘，我们应该怎么做呢？这里介绍两个团队OKR复盘的方法论和工具：行动学习和建立学习型组织。

1. 行动学习

行动学习通俗地讲就是"干中学"。行动学习的概念是在1940年英国管理思想家，也被称为"行动学习之父"的雷格·瑞文斯提出来的。行动学习法的基本逻辑是，经理人获得管理经验最好的方法，是通过实际的团队项目操作而非通过传统的课堂学习。行动学习，不仅是为了促进某一具体项目或个人学习发展，更致力于推动组织变革，这点与组织推进OKR变革的理念不谋而合。

瑞文斯的行动学习思想在英国本土并没有受到应有的重视，但是在其他国家备受推崇，如著名的通用电气前CEO杰克·韦尔奇就将行动学习的理念和方法植入通用电气的"成果论培训计划"中。

由于行动学习在企业的应用极其有价值，它被荷兰著名的应用研究型大学荷兰商学院（BSN）引入作为MBA、DBA的管理教学特色。幸运的是，这也是笔者研读博士的学校。行动学习法在我们研读博士的学习过程中，以及毕业后在自己的咨询服务中的应用频率很高，对于团队的成长，以及团队领导力的发展都受益无穷。

行动学习法有其基本的公式：AL=P+Q+R+I。其中，AL（Action Learning），即行动学习；P（Programmed Knowledge），即结构化的知识；Q（Questions），即质疑（问有洞察性的问题）；R（Reflection），即反思；I（Implementation），即执行。总结起来就是，行动学习＝结构化的知识＋质疑＋反思＋执行。

在团队OKR复盘过程中，行动学习是嵌套进去的方法。在复盘的第三步分析原因和第四步总结规律之间引入行动学习法。

套用行动学习法的应用公式，第一个因子结构化的知识（P），团队OKR复盘第三步分析原因时，必须基于一个事件或一个真正的问题进行分析，这就要求分析人员对其背景、内容、关系、逻辑等具有相关知识才能进入下一步质疑（Q），提出有洞察性的问题。

结构化的知识是行动学习的必要条件。换句话说，在行动学习前，每个团队成员必须有所准备，要查阅学习相关知识。回到OKR复盘就是，我们每次做复盘不能甩着两个膀子就来参加复盘，而是要带着自己的想法和思考，在复盘时才能提出有洞察的、有力量的问题。

反思（R）也是一个非常重要的环节。可以是团队集体反思，也可以安排个人反思。有对事件本身的反思，也有对团队成员思维模式、沟通模式、决策流程的反思。通过反思发现问题并总结出规律和新的方法。

最后就是执行（I），执行时参照上面介绍过的KISS工具。

团队OKR复盘应用行动学习法时有如下注意事项。

- ◆ 使用具有挑战的事件或问题作为学习工具。
- ◆ 团队互相支持并提出不同的观点。
- ◆ 承认没有绝对专家的说法。
- ◆ 鼓励提问而不给答案。
- ◆ 每个人都要发言，机会均等，切忌个人包场。
- ◆ 先发散后收敛，有结论。

2. 建立学习型组织

2007年下半年，笔者在一家企业任人力资源总监，当时正在为次年企业中高管人员的培训寻找优质资源。有一天，笔者打电话给一个在商学院负责培训的朋友，想从他那里寻找好的培训资源。他先介绍了几个培训项目，笔者给了他一些反馈，感觉这些项目对当时企业想做的培训还不是很合适。后来他说："介绍一本书给你，彼得·圣吉的《第五项修炼——学习型组织的艺术与实务》，看完这本书可能对你会有帮助。"笔者马上去书店买了《第五项修炼——学习型组织的艺术与实务》，并且很认真地精读了这本书。

记得当时读完书时笔者很激动，有种畅快淋漓的感觉。管理大师在书中介绍的学习型组织的基本理论、建立学习型组织的系统思考和方法、四项核心修炼，就像一盏明灯给笔者指明了方向，教会笔者一些方法。这些年来，这本书的思想精髓依然深深地影响着笔者，在辅导企业做团队OKR复盘时，会自然而然地将建立学习型组织的五项修炼植入进去。

建立学习型组织有5个重要的步骤，分别是共启愿景、团体学习、改变心智模式、自我超越、系统思考。

团队 OKR 复盘有 4 个步骤，正好可以将这 4 个步骤融合进去。

第一步，回顾目标 + 共启愿景。

团队目标是团队使命和愿景的体现，复盘首先是回顾目标，此时要回看一下团队的目标与团队的愿景是不是一致的。

愿景是人们心中或脑海中对一件事所持有的想象和景象。团队愿景就是团队成员对团队要完成的使命和目标在心中和脑海中有一个想象的景象。

笔者曾经为一家互联网创业公司做战略解码和战略落地工作坊，在准备工作坊时与这家公司的总经理做了一个前期电话访谈。访谈中笔者了解到，该公司隶属于一家集团公司，主营业务是做小视频和桌面主题。公司刚成立 3 年，还没有制定明确的使命和愿景，但是公司战略已经定下来了，希望笔者为他们提供战略落地的培训。

鉴于笔者多年做公司战略解码和战略落地工作坊的经验，工作坊的前半场要先"松土"，让参会人员"打开"，产生"共鸣"，即从公司的使命愿景起步。只有团队共启了愿景，后面的战略目标、战略实施路径，乃至战略实施的行动计划才可以一个个地落实。

工作坊的第一天上午，笔者先邀请大家用头脑风暴并用语言来描述公司愿景，经过几轮的共创，新鲜出炉了两个词：更丰富、更精彩。针对这两个词的理解，笔者现场采访了 3 个学员。

第一个学员说："希望我们的小视频有更丰富的内容，呈现形式也更精彩。"

第二个学员说："我希望公司的小视频既可以做 2C，也可以做 2B。"

第三个学员说:"我想象中公司的小视频可以做一个平台,吸引不同内容的自媒体在平台上,内容更丰富,也更精彩。"

他们都说出了自己对更丰富和更精彩的理解,第一个学员是从产品的角度,理解为内容和形式更丰富、更精彩;第二个学员是从客户的角度理解了更丰富和更精彩;第三个学员则从公司商务模式的角度理解了更丰富和更精彩。可见一样的词语每个人的理解都不同,在不同人的脑海中画面完全不一样,用语言描述愿景、达成共识遇到了挑战。

这时,笔者开始启用升级版的共启愿景法,即用绘画的手法帮助团队将愿景呈现出来(见图5-3)。这幅愿景画邀请团队成员来共同创作,此时可以在会议室里播放舒缓一点的轻音乐来营造轻松的氛围,调动每个人大脑中的多巴胺,激起团队成员想要团结起来完成一个宏大事业的心愿,这也是共启愿景的一个组成部分。

图5-3 奔赴愿景示意图

团队共同绘制的愿景画完成后,邀请大家对着画一起来解读和诠释,找到大家的共同点和共识点。这个过程会有一股暖流在团队中流淌,当时每个人的脸上都放着光,因为他们每个人都看到了团队愿景中自己的影子和自己的贡献，那一刻非常美好的画面至今都停留在笔者的脑海中。

团队有了共同的愿景，就会内生想要实现的力量。在追求实现愿景的过程中，大家自然而然地会把团队的任务当成自己的任务，从而激发出无限的勇气去挑战原来认为很难做到的事情。

笔者曾经不止一次为企业做战略落地工作坊，经过团队共启愿景后，原来制定的目标到工作坊结束，再审定目标时，结果普遍提高了20%以上，实实在在地看到了团队共启愿景的力量。

第二步，评估结果＋团体学习。

OKR的目标天生就带有挑战性，所以评估结果总是令人沮丧，因为OKR目标完成率在60%~70%之间就是好的，而超过80%就不是一个好的目标。在这个复盘环节，建立学习型组织的第二条"团体学习"不仅可以帮助团队重拾信心，而且，可以赋能团队成员学习与团队其他成员整体搭配来实现共同目标。

彼得·圣吉在《第五项修炼——学习型组织的艺术与实务》中关于团体学习这样阐述道："团体学习"是发展团体成员整体搭配与实现共同目标能力的过程。它建立在发展"共同愿景"这一修炼上。他认为，团体学习要顾及三个方面。

首先，当需要深思复杂议题时，团体必须学会如何萃取高于个人智慧的团体智力。

其次，需要既具有创新性又协调一致的行动。这是任何一个优秀的组织都具备的特色，如一支演奏交响曲的乐队，乐队中所有的演奏人员既有自我发挥的空间，又能与整体乐队协调一致，形成一种整体运作上的默契。每位演奏人员都会非常留意其他成员，而且，相信人人都会采取互相配合的方式行动。

最后，不可忽视团体成员在其他团队中所扮演的角色与影响。

以上三点在团队 OKR 复盘时需要加以关注并应用。

第三步，分析原因 + 改变心智模式。

复盘一般要求对过去发生的一件事情或一个项目的实施过程进行回顾、分析、反思、探寻、提升，无论是做得好，还是不好，都需要有这个复盘过程。其中，分析、反思、探寻，我们把它们统一归在分析原因这个步骤。

关于分析原因的归因，我们发现有这样一个普遍存在的心智模式现象，就是对于一件事情发生后，不管是成功的还是失败的，分析原因时一般有两种归因，即客观归因和主观归因。当一个人自己把事情办得顺利且成功时，人们习惯归因为自己的能力强；如果换成别人把事情办得漂亮时，常常归因为那个人运气好。反之，如果自己没办好事情，甚至失败了，总觉得是自己的运气不好，或当时的天气、领导等外部环境因素导致自己不成功。如果别人把事情办砸了，或失败了，人们常常会站到道德的制高点对其进行声讨和评判，认为这个人本身就有问题。

这种归因的背后就是一个人的心智模式。根据百度百科给的定义：心智模式是指深植我们心中关于我们自己、别人、组织以及周围世界每个层面的假设、形象和故事，并深受习惯思维、定式思维及已有知识的局限。从事心智模式与组织学习研究 30 多年的哈佛大学阿吉瑞斯教授认为："虽然人们的行为未必总是与他们所说的观点一致，但是他们的行为必定与其所使用的心智模式一致。"

心智模式听起来很学术，但在我们日常生活中处处可以看到心智模式对我们生活和工作产生的影响。笔者身边有一个朋友，他曾在司法部门主办经济案件，做过快消品的销售，后来做律师，现今在一家中等规模的科技创新公司负责大客户销售。从他的工作经历可以看出，基本上都是在"自由"状态下用业绩说话的，没有每天打卡和周周开会的习惯。笔者常听到他抱怨公司的会议太多，不管是什么会，他都非常排斥。他经常说："公司要拿业绩说话，天天开会是浪费时间，还不如把时间省下来去做业务。"这个朋友对开会的心智模式是"开会没用"，所以他的行为就表现出特别讨厌开会。

有意思的是，同样是开会这件事，笔者认识的另一个朋友持完全不同的观点。他前两年从企业出来做自由顾问，我们经常有项目一起合作，不管是项目中还是项目外，他都会经常提议："我们开个会吧。"因为他以前多年在比较大型的公司做职业经理人，而且是带团队的，他的组织和团队意识很强，在他的心智模式中，对开会的理解是"可以统一思想，达成共识"，所以他的行为表现是在任何与人合作的地方都希望通过开会来解决问题。

再举一个在团队 OKR 复盘中的具体实例。有家企业的 HR 团队第二季度制定了一个关键岗位大客户部总经理的招聘目标，目的是支撑公司业务发展，提供高质量的人才服务。KR1 是 4 月上旬完成人才画像并发布招聘信息；KR2 是开拓 3 个以上新的招聘渠道，KR3 是 6 月 30 日前人员到岗上班。7 月份做季度复盘时，这个岗位并没有人员到岗。

董事长亲自带领 HR 团队对这个岗位的招聘工作进行复盘，其中，在分析原因时发现，并不是没有合适的候选人，有一个非常合适的候选人因为公司招聘的流程过长而选择去了另外一家公司。反思团队所定的 OKR 折射出 HR 团队的心智模式停留在传统招聘和甲方思维上，针对这样一个关键岗位的招聘，还是按照传统的招聘模式按部就班地进行招聘，没有从市场上这类人才的稀缺性、岗位对公司战略实施的重要性，以及招聘流程的敏捷性这几个维度去思考。

通过这次复盘，HR 团队调整了 OKR，认识到要从心智模式上进行创新才能完成看似不可能完成的目标。

第四步，总结规律 + 自我超越 + 系统思考。

复盘的最后一步可以说是复盘最有价值的一步。复盘后，我们用 KISS 工具开展新一轮的行动。在此基础上，如果加持建立学习型组织的自我超越和系统思考两项修炼，复盘后的价值就会呈现出十倍数的放大。

如上所述，我们每个人都有自己的心智模式和固有思维，即使团队通过对 OKR 复盘共识了 KISS 行动计划，团队里不同的人会有不同的理解，执行的结果也会有所不同。因此，为了巩固复盘成果，在前期共启愿景和团队共享心智模式的基础上，还要根据建立学习型组织的修炼要求继续修炼自我超越和系统思考。

自我超越是由心理治疗学派的维克多·弗兰克尔第一个提出来的，他认为人真正追求的不是自我实现，而是超越自我的生活意义。这种追求包含了对自然界、人类社会和文化，以及人在其中所处位置的探索和理解，目的是更好地把握人生，更有意义地去生活。对人生意义的追求，不是满足于自我平衡状态，而是一种自我超越，表现为勇于承担责任、敢于冒风险、不断地创造。

团队 OKR 复盘是从个体学习到团体学习最好的道场，通过复盘过程不断激发员工个体的自我反思、自我认知到自我超越的意识，使员工找到自己与团队相互连接的纽带，像小宇宙一样积极投入超越自身渴望的团体工作中。

在团队 OKR 复盘的最后一步，除了加入个体自我超越的修炼外，还要增加系统思考修炼。如前面章节介绍过的，推行 OKR 是一次管理变革，它是一个闭环管理，复盘的基本逻辑也是闭环管理。闭环管理是将 OKR 推行和 OKR 复盘分别看成两个完整的小系统，这两个小系统彼此独立又互相作用，而这两个小系统会组成一个稍大的系统，再与公司其他的大小系统组成更大的企业目标管理系统。所以，要改进 OKR 推行中的问题，就不是简单地在闭环管理小系统中能够解决的，而是需要进行系统思考。

彼得·圣吉认为，系统思考就是要以整体的观点对复杂系统构成组件之间的连接进行研究。他在《第五项修炼——学习型组织的艺术与实务》第四章中专题介绍了系统思考的微妙法则。他在书中这样阐述道："动态系统是非常微妙的，只有当我们扩大时空范围深入思考时，才有可能辨识它整体运作的微妙特性。如果不能洞悉它的微妙法则，那么置身其中处理问题时，往往不断受其愚弄而不自知。"

这里举个销售团队 OKR 复盘后未能系统思考的例子。有个做快消产品的销售团队制定了 2022 年第三季度 OKR 目标是争做公司销售冠军，拿下第一名。第三季度结束时，该团队销量距离销售冠军还差一截。经过复盘分析原因，主要是受到新冠肺炎疫情影响，另外一个原因是，他们负责的公司渠道中的一家大型商超内部货架和商品结构进行大调整，从而影响了销售。

这个销售团队的负责人，根据经验判断这家大型商超之所以做出大调整，一定是为了使顾客更方便、更多地购买商品，调整后很快就会上升销售量。于是，他决定在第四季度加大这个渠道的销售计划，同时，相应地减少了其他渠道的销售计划。第四季度的OKR目标还是拿销售冠军。遗憾的是，第四季度他们的目标非但没能实现，而且销量环比还下降了几个百分点。表面上看是他判断失误，那家大型商超并没有像他想象的那样很快提升销售量，再深入分析可以看出是他缺乏系统思考导致的结果。

一家大型的商超将内部产品或货架进行调整，调整的初衷和目的可能是希望更便于顾客购物。但是，这只是这个销售负责人自己根据经验的猜测，是否还有其他的原因不得而知。另外，商超内部调整后，顾客适应会需要一个过程，况且，一家大型商超可能有数万个商品，分配给这个销售团队的货柜和库存量单位有限，还有竞争对手等这些因素。这个负责人在没有掌握整体且更多信息的情况下，做出了增加销售计划的决定，最后导致销量下降也就是情理之中的了。

以上例子只是我们看到的缺乏系统思考的冰山一角，在团队OKR复盘中增加我们的系统思考修炼，可以帮助我们认清整个变化形态，学会如何与变化共舞，开创新局面。

个人OKR复盘

推行OKR目标管理，要求企业从上到下每个人都要制定自己的OKR，所以复盘时不仅是企业层面、团队层面进行OKR复盘，个人层面也要进行OKR复盘。个人通过复盘可以加深对自我的认知，明确自己的职业发展规划，提升领导力，使自己无论在工作上，还是生活上都变得更好。

1. 复盘是管理者的基本功

关于管理者，彼得·德鲁克明确地提出了"管理者角色"的概念。他认为管理是一种无形的力量，这种力量是通过各级管理者体现出来的。所以，管理者扮演的角色大体上分为如下三类。

（1）管理企业。为此管理者必须做到以下三点：一是确定该企业是干什么的，应该有什么目标，如何采取积极的措施实现目标；二是谋取企业的最大效益；三是企业要"为社会服务"和"创造顾客"。

（2）管理管理者。组织的上、中、下三个层级中，人人都是管理者，同时，人人又都是被管理者。因此管理者必须做到以下四点：一是确保下级的意愿和行为能朝着共同的目标前进，二是培养团队合作精神，三是培训下属，四是构建高效的组织结构。

（3）管理员工和工作。管理者必须认识到两个假设前提。一是关于员工,要正确认识到"个体差异和全人思维"。二是关于工作,工作的内容、性质都是不断急剧变动的,既有体力劳动又有脑力劳动,而且脑力劳动的比例会越来越大。

彼得·德鲁克认为管理者的职能虽然分成了这三类,但是在实际工作中,管理者往往是在一项管理活动中同时履行了三项职能,而不是分开来的一项职能。

根据这一定义,管理者的OKR复盘也要从这几个维度进行。管理者在做个人OKR复盘的时候,要问自己以下三个方面的问题。

(1)对管理企业的贡献:"我的OKR目标与企业的战略目标有什么关联?我所完成的OKR目标对企业的经济效益和组织绩效有多大的贡献?我做了什么为实现企业的OKR目标推进了一大步?我在什么地方缺少了创新精神,使企业和自己的团队失去了最好的时机?为了达成OKR,我采取了哪些策略使工作有了突破性的进展?我在哪些方面缺少探索和钻研精神,阻碍了工作的推进?"

(2)管理者的表现:"我的OKR与企业整个管理团队的OKR有什么关联?我是如何激励团队挑战不可能的?我的领导风格对管理现有的团队是否最有效?我在识人用人方面做得如何?我在发现团队完成OKR目标有挑战时是如何用人所长的?我是否为了团队的目标及时将有特长的人安排到他最合适的位置上?我是如何与管理者们沟通的,沟通效果如何?当与其他部门发生冲突时,我的处理方法的有效性如何?"

(3)管理员工和工作的效果:"我是如何管理员工的?我对团队的每个员工的特长、个性乃至个人情况做了哪些了解和关心?我在评价员工时是以什么心态和思维模式？我对工作的不断变化持什么态度？我对变化的外部环境和内部环境做了什么调整？对OKR的实施路径我采用了哪些策略？有哪些地方突破了我的固有思维并创新地解决了问题？哪些工作由于我的固有思维还停留在原地？"

根据以上三个方面的自我复盘，为了实现个人的OKR目标，还要问："我要保持什么良好的做法？我在哪些方面需要改进，争取做得更好？哪些地方我需要制定新举措和新方案，并且立即开始实施？哪些无效的工作和固有习惯需要舍弃和改变？我的行动计划是什么？"

以上复盘内容和自我检视的问题是每个管理者的必修课，也是管理者自我修炼、自我成长的基本功。学会经常性地复盘，可以逐渐改变我们的心智模式，从向外看到向内看，如古人所云："吾日三省吾身，为人谋而不忠乎？"

2. 员工在复盘中成长

员工进行个人OKR复盘主要是突出实际工作内容的复盘，将执行过程、结果、数据清晰地展示出来，让上级主管掌握和了解自己的工作内容及工作进度。复盘时要简明扼要，避免含含糊糊。

第一步，按照自己制定的OKR目标回顾并梳理一下执行过程，看看自己负责哪些环节，然后，列出每个项目所做的具体工作，包括目标、具体任务、完成结果等。

第二步，根据自己的任务和负责的工作，评估工作的重要性，总结亮点和不足之处。要回答以下问题："我负责的工作，发挥了哪些价值？这些工作对团队OKR目标的达成有什么贡献？我的工作优化了哪些流程，节约了哪些成本，扩宽了哪些渠道？哪些步骤没有做好？以后如何改善？"

第三步，通过目标与结果的对比，总结出经验和规律，以便于应用于下一次的工作或项目中。可以从以下几个问题自我复盘："我在自己的思维模式方面有什么发现？哪些思维有利于我完成任务？哪些思维阻碍了我去挑战现状？我从这项工作中学到了什么？有哪些可以坚持或推广的做法？哪些流程可以优化或迭代？"

第四步，思考如何将这个规律举一反三，应用在别的工作场景之中。需要这样去思考："哪些工作可以用到我总结的规律？下一步工作如何更好地进行？优化工作需要的资源支持有哪些？"

当我们对每项工作都进行细致认真的复盘，并且将这些反思的结论用于之后计划的改进，我们的工作质量和工作效率就会大幅提升，并能为企业做出更大的贡献，也使自己的能力和内在领导力得到提升。

无论是管理者还是员工，在进行个人OKR复盘时，有以下几点需要特别注意。

（1）关注自己对组织的贡献。复盘以后的个人规划要重视自己能为组织贡献什么，想干什么是愿望，应该干什么是责任。一个人重视自己在团队中的贡献是基本的职业化素养。员工注重自己对组织的贡献，组织也会因员工的敬业而不断地发展壮大。

（2）培养大局观和客户意识。OKR目标是企业的大目标，任何一个人的成果都只是其中的一个小模块而已，当所有部门的结果产出汇聚到一起，完成企业的OKR目标时，个人的产出才有价值。因此，每次复盘要进行系统思考："谁会使用我的输出成果？他们对我有什么需求？他们希望我在什么时间、什么地点给他提供什么交付?"

（3）走出舒适区，抓住机会迎接挑战。经过复盘后给自己定的下一阶段OKR目标一定要有挑战性，充分利用企业提供的平台，发挥自己的潜能，走出舒适区，迎接挑战。

第三部分
应用OKR要注意什么

第六章　OKR有哪些常见的"坑"

如何利用经历的力量，从经历中学习，是领导者成功的唯一秘诀。

——比尔·乔治

对OKR的认知不足

1.CEO 认为 OKR 是 HR 的事情

本书前面章节曾多次提到，有些企业的 CEO 由于对 OKR 目标管理的认知不足，往往只是把它当成 HR 的一个职能。这点是大多数企业实施 OKR 目标管理失败主要的原因。一位著名企业家曾说，CEO 主要做三件大事：定战略、搭班子、带团队。这三件大事乍看上去的确与 OKR 目标管理好像没有什么直接的关系，但是，我们剖析一下就会知道，这三件大事与 OKR 目标管理息息相关。

企业战略与什么相关？当然与目标相关。任何一家企业制定了发展战略后就要落实到具体的战略目标上，而 OKR 目标管理就是使战略目标落地执行的最好工具。

再说说搭班子，所谓搭班子就是组建团队，有人可能会认为只是在企业初创时或者是新事业部成立时才需要组建团队。在实际的企业管理中，尽管团队的稳定性非常重要，但是团队依然不是铁板一块。所谓"铁打的营盘，流水的兵"说的就是这个道理。团队要有合理的流动，才能避免熵增，保持活力。那么，有一定人员流动的团队就需要动态地搭建班子。一方面原因是，在OKR目标管理中，有的企业级目标需要跨部门临时组建项目组才能完成，这就需要搭建班子；另一方面原因是，企业可以通过OKR目标管理有效识别优秀与一般员工，为来年打造高绩效团队打下基础，这也是搭班子的职责范畴。由此可见，OKR目标管理与CEO搭班子的职责之间有着千丝万缕的联系。可以这样说，一个成功实施OKR目标管理的企业，在员工队伍的搭建上一定也是健康且高效的。

最后，CEO的天责之一是带队伍。这一点与OKR目标管理的关系就更加密切了。如果一家企业的发展没有挑战性，估计这家企业存活下来的概率也不大。

企业要生存、要发展唯有顺应变化，要找到组织自己相对确定性的东西。比如打造一支高绩效的团队，就是企业生存和发展可以把握的，且相对确定性的事情。

微软创始人比尔·盖茨曾经说过："如果可以让我带着微软的研发团队，我可以重新创建另外一个微软。"可见，带队伍是企业负责人的最重要的职责，而OKR目标管理就是通过目标牵引，由企业负责人带领核心团队一起朝着目标所要呈现的关键结果共同奋斗和打拼的过程，这个过程也是锤炼团队最好的训练场。

所以，实施OKR目标管理是CEO非常重要的职责之一，而HR，则是从专业上支持 CEO 并辅助 CEO 一起推动和执行。

2. 只把 OKR 当成一个工具

OKR 作为一个企业变革的管理工具，事实上，并不单单是一个工具，而是一个系统性的"管理理念＋方法＋实操"。大部分企业选择了 OKR 却没有把目标管理真正地落地，跟对 OKR 的认知偏差有一定的关系。如果只是把 OKR 当成一个工具，就会把所有的希望都寄于这个"取之能用，用之显效"的工具上，想要靠这个"工具"走捷径。而管理上的事情本身并没有捷径可走。

OKR 不仅仅是一个工具，更是一种新的管理模式，与我们现行的管理理念、方法有很大的区别，无论对于管理者还是员工，工作方式都有很大变化。前面我们已经提到的实施 OKR 目标管理，本质上是一场管理变革，而不是一个新工具、新系统的上线。对于任何管理变革，来自高层的支持是成功的前提和关键。如果仅仅把 OKR 当成一个考核工具，实施失败或效果甚微都是意料之中的事情。

有家小型企业号称引用了 OKR 目标管理法，他们设计了每月回顾的考核表对员工进行考核，考核表中除了目标、关键结果两项内容以外，"创新"性地增加了员工的工作态度和能力考评项，而且，还各自分配了目标 30%、3 个 KR 各 10%、态度 10% 和能力 20% 的权重。所以，当月度进行 OKR 回顾时，除了员工对自己的 OKR 表格进行自评，部门负责人也要对每个员工进行评估。有一次，一个员工的部门主管给他的态度项目打了 10 分，因为他这个月几乎每天都在加班，态度极其端正；能力项目象征性地扣了 2 分，即打了 18 分；但是这个员工的目标、关键结果因为完成度很低，所以得分很低，目标项15分，三个KR分别是7分、6分、5分。这样这个月他的总分为61分。虽然企业在实施OKR前期宣传时表示，每月考评分数不直接与工资奖金挂钩，但是每季、半年以及年底这个评估分数将成为主要的奖金发放依据。这个考核得了61分的员工就不乐意了，去找他的主管经理理论，因为该员工考虑到年底这个分数还是会严重影响年终奖金的。该员工认为，他的态度和能力都是可以的，目标和关键结果的考核项不能完成不是他的个人原因，而是团队的其他同事影响了他的业绩。主管经理绞尽脑汁也没能很好地说服这个员工。这就给后面的执行带来了隐患。

这个案例很好地说明了这家企业把OKR当成纯粹的绩效考核的工具了。问题是个人的OKR没有承接部门的OKR，而是生硬地把部门的部分KR分解给了员工，而员工的目标与自身的KR无法匹配，不能自洽。这样考核出来的结果肯定是无法说服员工的。

之所以会把OKR当成单一的工具来看待，是因为企业领导者的工作繁忙且千头万绪，他们迫切希望能得到一个法宝，让组织自行运转，将自己从繁重和复杂的工作中解放出来。OKR的出现给他们带来了希望，但是他们又不愿意让OKR增加他们的工作负荷。他们更加希望将OKR导入企业，放手交给团队实施。但问题是，OKR既不是一套软件，也不是一个标准或制度，而是企业的战略系统、文化系统，如果没有最高层的深度参与，缺乏领导的示范作用，就一定会因失去动力而停滞。

很多企业把OKR看成是一个单一工具，具体如下。

初级点的：OKR是"新版的绩效考核"。

好一点的：OKR 是"提升企业内部共识和沟通，打造敏捷组织"的工具。

再上一层的：OKR 是"目标管理工具"。

这些理解表面上都没有错，但这种认知还是停留在工具层面，割裂了 OKR 对企业整体的重新整合，导致最后大部分企业推行 OKR 失败，还是回到了原来的状态，即领导说什么大家就做什么，退化成披着 OKR 外壳的 KPI。

OKR 虽然与传统的绩效管理有相似之处，但二者也有非常大的差异，这是 OKR 迭代进步的一面。OKR 不仅仅重视绩效，还重视推动绩效的核心要素——人，OKR 更加重视人的内在动机，杜绝与考核关联。如果将 OKR 视为考核的替代品，那企业要么因失去考核而导致不公平，要么使 OKR 面目全非，走向末路。

人们对 OKR 的了解，常常是从谷歌和华为等企业开始的，因此，让人们产生了 OKR 只适用于高科技企业和大企业的误解。我们通过对 OKR 特征的解读，不难发现，这些特征是每一个企业都需要的。事实上，OKR 和 KPI 一样，适用于任何类型的企业，而且已经有许多中小企业因此受益。关于这一点，约翰·杜尔已经给出了结论：OKR 是瑞士军刀，适合于任何环境。

OKR 不是单一的工具，还可以从以下 3 个方面得到验证。

首先，OKR 能够化战略目标为行动。如果企业目标不明晰，大家就无法找到行动参照的统一标准。OKR 正是在战略方向上建立了一个具有挑战性的目标，然后，通过精确地管理关键结果（实现路径）的行动过程，以达到通过关键结果的不断迭代促成企业战略的最终实现。

其次，OKR反映了把使命、愿景、战略转化为实现路径的过程。它直接明了地把战略意图和战略制定的内涵用文字清晰地转变为整个组织都能理解，并可以朝着目标迈进的战略实施行动计划。

最后，OKR可以让企业资源分配和使用更加透明化。OKR导入企业的时候需要全员参与，从企业负责人或创始人到一线员工都明白这个企业从哪里来，为何而存在，现在的核心在哪里，应该去哪里，为什么要去那里，今年的重点工作是什么，产品目标用户是谁，主要满足用户的哪些需求……OKR目标管理的实质是企业战略的解码过程，它处于上层使命、愿景、战略与日常行动的承接位置。只有当大家明白这些道理，再去制定自己的OKR时，才知道自己的具体工作与企业使命、愿景、战略以及今年目标的关联性，从而知道自己工作的意义。当自己的想法与任何部门、人员不一致时，大家可以回到企业的初心，只有明晰是为同一个目标而工作，才有可能解决分歧并达到协同一致。

OKR的风靡不是偶然的，因为它不是一种简单的工具，而是一种管理方式。所以在执行的时候，如果只是当作工具来执行，那就很容易陷入传统的目标管理或绩效考核工具的套路中，而丧失了OKR真正的精髓。应用OKR目标管理对管理者提出了更高的要求，尤其是目标的制定和关键结果设计的合理性，无不需要管理者倾尽全部精力。所以，OKR目标实施的前期是关键，中期是保障，后期是呈现，这与以往的绩效管理和目标管理有着巨大区别。

3. 给KPI穿上OKR"马甲"

当OKR成为很多企业的重要目标管理和绩效管理方法论后，作为在过去的十几年企业绩效管理中一直充当主角的KPI突然受到了冷落，还总是被人们拿来与OKR做比较，得出KPI已落后、OKR才是正解等结论。

在真实的管理实践中，任何一种管理工具都有其管理原理和应用的管理场景。我们讲OKR目标管理时，纵然有其更符合时代新型组织所要求的挑战、创新和协同的潮流，但是KPI绩效管理工具的科学性和严谨性在管理中的作用也不可忽视。制定KPI指标所要求的SMART原则，具体的、可衡量的、可达成的、相关的、有时间节点的，在今天的很多企业中仍然适用，用KPI进行的绩效管理理念已深入人心。

OKR和KPI这两个工具既不能割裂来看，也不能完全混淆。如果形式上是OKR，但实际操作起来变成了KPI，就像前面举的案例一样，难免在实践的过程中出现偏差。事实上，OKR是由目标（Objectives）和关键结果（Key Results）组成的，偏重目标的挑战性、牵引性和实施过程中的组织敏捷和协同；而KPI则是指关键绩效指标（Key Performance Indicator），它是一种衡量指标，主要用来判定工作的完成度和质量标准的达成度。在设置OKR的KR时，原则就是KR必须是"可衡量的"，这就很容易联想到KPI，因为KPI的要求也是"量化的"。粗看似乎二者的区别不大，所以对于那些从KPI转到OKR的企业，就很容易在设定KR的时候，依然套用KPI指标。当然，KR套用KPI也没有问题，因为KR本来就可以是指标，也可以是里程碑（Milestone）。但是关键问题在于，在OKR中，KR是围绕目标展开的，需要不断地围绕目标寻找有效的突破路径。在OKR的实操中，需要不断去验证 KR 的有效性。而 KPI 一旦被确定，员工的工作就会围绕 KPI 展开，这是 OKR 与 KPI 在指标设定上的关键区别。

推行 OKR 最容易掉入的第一个"坑"就是"形式是 OKR，骨子里还是 KPI"。本来是目标牵引，做的时候又回到指标牵引。运用 OKR 管理的核心是关注"我们的目标是什么"，思考"我们要做什么"；而运用 KPI 的核心是关注"我们的指标是什么"，思考"我们的工作会被如何评价"。

之所以很多企业发现 OKR 还没有落实，就是因为有了 KPI 的样子，这也是很多组织在推行 OKR 时感受到的无奈。这其实是可以理解的，想要引入 OKR 的企业大多属于敢于尝试的企业，但不代表所有人都能接受这个新的管理方式。要想避免把 OKR 做成 KPI，有一点必须清晰，那就是考核机制千万不要与工资、晋升、奖励产生直接的或绝对的关系，一旦这点把控不了，那所谓的 OKR 势必会变了味道。OKR 是一个过程管理的方法，通过过程管理来实现结果。所以，OKR 的管理过程伴随着大量的沟通，是具体的管理方法，比如在过程中用到的教练方法，复盘、反馈的方法，激励的方法等。

KPI 是战略目标自上而下，层层分解的过程，要求责任人必须承担这个指标，否则无法完成上一级目标。在这个过程中，责任人始终是被动的，是"要我做"的控制式管理。结合一下工作场景，KPI 指标是自己想定什么就定什么吗？或者是讨论交流的机会多吗？ KPI 相对比较刚性，在年初或年尾确定下来，企业轻易不会对其做出改变。当然，制定 KPI 指标要符合 SMART 原则时，有一个原则就是"可达成的"，虽然也鼓励目标定的程度是需要一定的努力才能达成，但总体来说大部分都能达成。这与

OKR 设定目标的初衷有很大的区别。OKR 目标如果完全达成，则意味着目标缺乏挑战性，制定目标的部门"放水"了。符合 OKR 的目标一定是很有挑战性的，完成度在 60%~70% 之间，如果能够完成 80%，那一定是这项工作有了很大的突破。

OKR 是自我管理的过程，鼓励自下而上地设定目标，提高每一个员工的积极主动性，给予他们展示的舞台，是"我要做"的自主过程，即使是自上而下制定的，也要通过大量自下而上的沟通，最后达成共识。OKR 目标对员工有很大的激励性，员工看到目标就有想做的冲动和激情，心里会有一个声音响起："这个事情我想做，对自我成长和实现价值有用，我要把这个事情做好。"

让我们来看看目前有些试行的且比较有效的企业是如何做的。

某企业是一家互联网高科技企业，企业用 OKR 进行目标管理。在季度初，各个团队要明确定义自己团队的 OKR，员工在制定 OKR 的时候，根据团队 OKR 中的目标和 KR 进行承接和分解。这里用人力资源部举例。人力资源部的 OKR 中的 O 是"吸引高端人才，支持各业务发展"，以此定了三个 KR，KR1 是"按照各部门需求完成高端人才招聘，到岗率为 100%"；KR2 是"增加开发线上线下新的招聘渠道 4 个以上"；KR3 是"完善薪酬福利政策"。

James 是 HR 部门的招聘高级专员，他下面还带了一个招聘助理 Eva。James 和 Eva 两人就需要承担部门 KR1 的 OKR 目标。虽然 James 手上有一份企业的年度招聘计划表，但是针对这个季度的 OKR 企业肯定有新的要求。于是，James 在制定自己的 OKR 前，先去找部门经理沟通，了解企业目前哪几个部门需要的人员最紧急。经理和他对齐了目标，企业最紧急要人的是两个部门，分别是产品部和运营部。James 接着分别约产品部经理和运营部经理沟通需要招聘的人数、人才画像、到岗时间、有无经验或背景的特殊要求等。James 了解到产品部需要增加一个产品经理，因为产品经理是个新岗位，现有的招聘渠道很难保证效果，具有一定的挑战性。运营部需要两个运营主管。James 在前期招聘中发现，企业现在提供的运营主管的薪酬福利待遇低于市场水平，前期离职的主管就有这个原因，其中一个运营主管就是被竞争对手挖走了。所以，招聘运营主管的挑战来自薪酬福利。了解了这些信息，James 制定了自己的 OKR 目标，具体如下。

O：满足核心业务部门的招聘需求。

KR1：拓展 4 个招聘渠道。

KR2：完成 1 个产品经理、2 个运营主管招聘工作，并在本季度内到岗。

KR3：协助部门经理完成薪酬福利的改革方案，本季度第 1 个月提交一份关于招聘中发现的薪酬福利问题及改善建议。

从以上这家企业部门制定 OKR 到员工制定 OKR 的过程来看，整个过程就是员工 James 主动承接了团队 KR，并积极与部门经理沟通部门 KR 的具体背景和内容，然后与 KR 任务目标相关的部门负责人进行沟通。

我们发现，OKR 的目标是一个定性的描述，但是关键结果 KR 就很 SMART，KR 包含量化指标和时间节点等内容，与 KPI 指标类同。但是，这些 KR 是在上一层级 OKR 统领下，支持目标的关键结果。有的 KR 很有挑战性，需要直接给出结果，如 KR2 三个岗位人员的招聘到岗；有的 KR

是支持部门完成目标，如KR3提交薪酬福利改善建议。这样可以使OKR目标与KPI指标很好地兼容，让二者形成一个统一的系统来支持目标管理工作的落地。

还有另外一家企业，这家企业是传统的生产设备制造企业。随着企业外部市场环境竞争的加剧，企业在一年前启动了第二业务曲线，发展设备工程解决方案新业务。新业务需要组建新的团队，这个新的团队所需要的是人才密度以及人才资质都比原有的团队要高，所以企业采用了"双轨制"的方法，即原有的团队仍然采用KPI，而新的团队则采用OKR进行目标管理。与此同时，针对新的团队，其绩效考核、薪酬福利和激励政策都另外制定了一整套管理制度及流程，将OKR评估结果及激励与原来的业务团队完全独立开来。实践证明，这种"双轨制"的方法在这家企业的这个发展时期是有效的。

随着现代企业管理理论的快速发展和管理实践的不断进步，企业管理越来越倾向于以"人"为导向，这就要求企业培养和激发员工的主人翁意识。主人翁意识是组织氛围的要项，是一种信仰，更是一种实践，它所蕴含的是一种肯定和认同，是一种责任和使命。让员工更有主人翁意识，是企业全体员工集体奋斗的思想基础，可以充分调动员工的积极性，增强企业凝聚力，提高企业竞争力，以不断适应市场经济需要。将OKR目标管理与KPI管理有机地融合使用，可以使企业管理者在关注事的同时，也会关注团队和关注人的因素。

腾讯集团的高级管理顾问、人力资源与组织管理研究专家杨国安老师根据他的多年研究，提出了著名的杨三角理论。他认为，企业可持续发展是战略与组织能力相乘的结果，而组织能力是由员工愿不愿、能不能和允不允三个维度组成的。用 OKR 进行目标管理，首先就是解决员工愿不愿的问题。OKR 实施过程中的信心指标就很好地管理了员工的意愿度，如果员工对企业设立的挑战性目标意愿度不高，信心指数只有 5 甚至以下，那么员工的投入精力可想而知。所以，意愿度和信心指数是 OKR 目标实现的重头戏，这也是 OKR 与 KPI 区别最大的地方。其次，能不能的维度。OKR 中的 KR 是关键结果，KR 体现了目标完成的程度和理想状态。实施 OKR 时，KR 的设定主张先由员工自己提出来，主管经理也会帮员工的 KR 往上拔一拔，这样通过 KR 的牵引，在实施过程中，主管经理注意赋能给员工，员工的主观意愿度高，学习能力和技能都会逐步提升。最后，允不允是关于组织体制、政策和流程方面的保障。实施 OKR，因为强调目标的挑战性，需要团队协同和不断创新，所以目标完成度在 6~8 分之间是最好的目标。

怎样才能激发团队完成 OKR 目标呢？那就需要建立 OKR 实施的流程、沟通机制等制度做保障，同时，也需要企业经营层面的 KPI 做基础保障，以此建立员工的安全感、归属感和荣誉感。

当员工对企业有了安全感、归属感和荣誉感时，就会由此产生主人翁意识。员工在企业的大目标蓝图中，看到自己的那个小小的愿景点，这就使员工的心理产生依恋和联结，与企业共启愿景，可以看到自己与企业共同成长。

所以，OKR 目标管理是以企业经营者和员工、员工和员工之间的信赖关系为基础的全员参加的经营，是一种珍视人心的经营体制。OKR 目标因为是全体员工参与经营，所以，包括生产现场的作业人员，所有的员工都会朝着自己设定的目标自发地努力工作。

当然，还是有不少经营者认为劳动者只要按照企业的要求做一个最好的执行者就行，因此制定严酷的定额强制他们工作。或者以高额的成功报酬作为诱饵，刺激人的欲望，借以达到提高企业业绩的目的。与此相反，所谓OKR目标管理，则是希望在现场工作的每一位员工都带着自己的梦想而工作，在感受到劳动喜悦的同时自发地努力工作，这样来提高企业业绩的一种经营体制。

有人说，OKR目标管理是一个以管理哲学为支柱的"尊重人性的经营"。我们不妨回看一下企业的"企"字，"人"下面一个"止"字，也就是说，只有人在企业留下来了，才会有业务，才称其为企业。所以，OKR目标管理真正从"体贴人的经营"的理念出发，将业务、目标与组织、人连接在一起，形成水乳交融不可分割的经营整体。切实让员工感受到自己参与计划，产生自己亲自参与经营的喜悦，尊重每个人的劳动价值，这样的企业经营才能可持续发展。

虽然我们不希望在推行OKR目标管理时，让KPI穿上OKR的"马甲"，变成"皮肉不靠"。但是，在OKR目标管理实施过程中，对KR关键结果的设定和衡量完全可以KPI为基础。KPI能很好地反映一个组织、团队和个人实现目标成功的标志。所以，如何以OKR目标管理的理念来指导整个OKR的实施过程，并应用KPI来做实现目标的支撑，是每个企业OKR负责人必须掌握的管理技能。

正如华为主要创始人、中国著名企业家任正非在一次演讲中说过的这样一句话："一个领导人重要的素质是方向、节奏。他的水平就是合适的灰度。坚定不移的正确方向来自灰度、妥协与宽容。"他认为，一个清晰的方向往往是从灰度中脱颖而出的，并不是非黑即白。这里的灰度，也适合企业管理者来理解 OKR 与 KPI 的关系。这二者之间需要灰度，只有掌握了灰度，才能很好地驾驭这两个管理思想和方法论，为企业的发展和腾飞助力。

4. 把 OKR 当成一次性项目

我们发现，把 OKR 当成一次性项目也是导致不少企业实施 OKR 失效或失败的原因之一。有的企业负责人属于老虎型领导风格，性子也很急，一到哪个商学院或哪次管理论坛学习到一些新的管理理念或新的管理工具，感觉自己的企业非常需要，回到企业就学以致用，组织上马，甚至搞得轰轰烈烈。

笔者曾经认识一家集团企业的人力资源副总裁。有次我们一起参加一个论坛，他说，他们企业一年至少有 3~4 次管理变革，从企业文化到绩效管理，再到流程再造，一直在变革，每次都把大家搞得筋疲力尽，变革的成功和失败喜忧参半。接着，他就举了一个应用 OKR 的例子。他说他们企业前年的上半年决定开始应用 OKR 进行目标管理，全企业范围内从原来的 KPI 全部改为 OKR。当然在实施之前做了总动员、培训等该有的动作。实施了半年后适逢年底，涉及年终奖金分配和对干部队伍进行人才盘点。这个时候，老板感觉拿不出非常硬性的结果去说服那些 OKR 目标完成不好的高管，不如以前上来就拿数据说话。现在的经营结果数据都不好看，这些高管一个个并不买账，他们都在和老板玩心理博弈。高管们认为

OKR目标强调挑战性，本来目标定得就过高了，再加上国际市场疲软等环境因素，目标达成率不高是可以理解的事情，不能拿来作为年终奖金发放和人才盘点的依据。老板则认为，虽然OKR的目标具有挑战性，但是这个目标也是基于对市场的基本判断、对客户的洞察和企业的发展战略，并在大家共识后确定下来的，达成率不高，在很大程度上是因为高管们缺乏战略思维和创新能力，有的高管躺在功劳簿上睡大觉，对高管的评估一定是综合性的评估，所以年终评估肯定要扣分。博弈的结果是老板最后妥协了，并把责任推到OKR上。老板认为，OKR没有KPI直观和有说服力，缺少确定性的量化结果，还是KPI更适合企业的管理文化，他要求人力资源副总裁再改回到用KPI进行绩效管理。

像以上这家企业的做法可能不止一个。人们往往在使用一种新管理工具的时候，都希望收到立竿见影的效果。如果一开始没达到想要的效果就归因为工具有问题，进而直接放弃。如果实施OKR目标没有取得预期的效果，可以分析一下原因。一般在设定OKR目标时，尤其是第一次开始实施OKR，目标的设定是非常关键的环节。OKR目标是一个具有激动人心的挑战目标，而这个挑战目标需要用关键结果KR来具体化和明确化。

所以，有可能在设定关键结果时出现了问题。有些OKR的关键结果在设立的时候，有的人担心评估结果要与奖金挂钩，所以就隐藏了实力，把指标设立得太低，虽然表面上的目标达成了，但没有实现OKR管理的价值。有些却是因为关键结果的指标设立得太高却没有能力实现，导致目标没有达成。出现了这样的情况就会有人怀疑OKR的可行性，轻言放弃。

其实，我们做任何事情，第一次都有可能不成功。因为是一件创新的事情，对于目标和关键结果，我们能够参照的只有以前设立的KPI，如果要有别于KPI把目标设立得有挑战性，那只有大胆尝试，在原来的目标上有一个比较大的突破，这样就会存在达成目标的很多不确定性。OKR实施是需要在实践过程中不断地进行调整的，只有失败后不断尝试，在每一次失败中找到原因去调整目标，才能不断学习，不断进步，提升团队的能力。

客观来看，OKR既没有那么简单，也没有那么难。它强调的是聚焦，开始选择目标时就要选择最重要的目标，让团队所有人都清楚这就是团队当下最重要的目标。然后，要制订一个清晰明确、能保证让团队持续向着目标的方向前进的计划，在计划执行过程中，容许失败，在失败中不断总结经验教训，吸取教训并反复去尝试、去实践，直到取得成功。

之所以有的企业会浅尝辄止、轻易放弃，原因不仅仅是老板一个人的问题，有的时候是团队和员工的问题。员工在执行计划的过程中，遇到困难时缺少来自主管的支撑，使目标的完成度不高，很没有成就感。加上达成目标后，也不是直接与奖金挂钩，这就导致在执行OKR计划时大部分员工的抵抗性很大，不愿意也不配合，少数支持派也就无法坚持。那么，如何解决这种将OKR当成一次项目，想贯彻OKR的理念，又不知道如何实施的现象呢？正如前面已经阐述的，启动实施OKR目标管理一定要视为一次企业管理模式的变革管理，要解决员工的认知、意愿、知识、能力和维持巩固效果五个方面的问题，将业务上的OKR作为项目管理，同时穿插变革管理，通过多次沟通和分层培训才能让OKR落到实处。

忽视了员工的内在动机

除了以上分析的企业实施 OKR 不成功的主要原因是对 OKR 的认知不足以外,忽视员工的内在动机也是经常容易踩的"坑"。

1. 不会使用信心指数指标

大多数想用 OKR 目标管理法的企业负责人,一般第一个想到的 OKR 的优势,就是可以制定具有挑战性的目标。尽管目标制定的过程遵循了自下而上,再自上而下的流程,但是,目标的挑战程度,对于企业级 OKR 目标员工基本上没有发言权,只有企业负责人和高管们有参与讨论和制定的权利。到了团队制定 OKR 时,都是基于企业级 OKR 来分解和承接,此时员工可以参与进来一起共创和讨论。就是源于这个制定目标的环节,OKR 实施失败的企业把注意力全部放在企业战略目标和具体的业务目标上了,忽视了组织和人的因素。具体地说,就是没有关心员工心理层面的因素,员工的心理需求没有得到满足。

20 世纪 50 年代,美国著名的心理学家马斯洛曾经提出一个人类的需求层次理论,他认为个体的需求是有层次的,从低到高有五个层次,分别为生理需求、安全需求、社会归属需求、尊重需求和自我价值实现的需求,这五个需求又可以归为人类三种最基本的需求,即生存需求、关系需求和成就需求。大多数人解读马斯洛的需求层次理论认为,这五个层次是层层递进的，只有较低层次得到满足后，人们才会出现较高层次的需求。如果一个人在较高层次，如关系需求和成就需求得到满足后，生存需求反而会放到次要的位置。但是，如果关系需求或成就需求都得不到满足，那么，人们就会拼命地希望得到最低的生存需求，生存需求在企业里就是薪酬福利、奖金等物质保障需求。

实施OKR非常重要的一点，就是强调目标的挑战性。根据谷歌应用OKR的最佳实践经验，团队目标达成度在0.6~0.7之间就是最有效的，并且，不建议将奖金等物质奖励与目标达成度直接挂钩。OKR之父格鲁夫希望，OKR能够激发组织个体的创造力和工作激情，将完成工作本身的成就感视为一种激励，这就是马斯洛层次需求理论的最高层次的成就需求。

同时，在实施OKR的过程中，要求信息公开透明，团队之间协同并彼此赋能，满足人与人的关系需求。那么，在员工达成更高的目标后，企业业绩有增长，企业一定也会出台相应的激励政策激励员工。

由此可见，企业实施OKR，在各个层级和部门设置目标时，要考虑员工的内在需求，着重考虑员工的成就需求和关系需求。如：员工在企业是否可以发挥所长？企业是否有关爱员工的政策和机制？谁会关心员工在企业的职业发展？企业文化是否支持员工提出自己的创新观点？等等。以此来帮助员工制定自己的业务能力和领导力发展目标，激发员工的内在热情，提高员工的主动积极性，并通过OKR的实施过程，在每个阶段完成一个小目标，帮助其递进式成长。

虽然有的企业高层更关注业务，对组织和人的因素关注偏少，但是也不乏在文化、组织和关注人方面做得好的企业。如现在一直高居物流第一品牌的顺丰快运公司就是一个关注组织和员工，并注意用企业愿景来激发员工内在动机的企业。

在竞争日益激烈的快递行业，顺丰可以说是管理上的标杆。顺丰的员工管理模式，可以简单总结为"精神上重视你，物质上不亏待你"。顺丰在激励员工上从三个方面超越了同行，做到了真正去关心员工，激发了员工的内在动机和使命。

首先，在直接薪酬设计过程中贯彻多劳多得的原则。实行绩效工资，设置合理的绩效考核指标，如业务量、客户满意度、快件投递准确率等。考虑到快递员工作性质的特殊性，提高浮动工资的比例以保证快递员的工作效率。同时，设置季度奖金、年终奖等，对优秀员工给予精神上的表扬和物质奖励，留住优秀员工。

其次，完善福利制度，保障快递员的工作环境。经济性福利方面，针对快递员恶劣的作业环境提供人文关怀的经济性福利，比如提供高温高寒补助、夜班补助、饭补等。非经济性福利方面，顺丰公司内部充分尊重员工，通过提供弹性工作制、更多的内部晋升机会等方式满足其更高层次的需求。

最后，不遗余力地培育企业文化，将企业文化价值观植入每个快递员的心中和行动中。企业对员工充分体现企业文化的人文关怀，宣传企业的愿景和使命，与员工共建企业发展蓝图，让员工感觉到自己不仅仅是一个快递员或一块砖，而是受到企业尊重和重视的活生生的人，是为企业愿景和使命一起努力奋斗必不可少的一分子。通过让员工满意激发员工的工作热情，从而践行客户满意的经营理念，顺丰高度重视精神激励。

2. 没有找到激发员工内在动机的钥匙

在 OKR 实施中，如果企业负责人没有去关注员工的心理需求，有可能导致 OKR 的设立变成组织需要的目标，而不是员工需要的目标，这就很难激发员工努力实现目标的渴望。另外，还有一点就是员工也会看，如果自己实现了企业目标，可以获得什么？那个结果是自己想要的吗？用 KPI 做绩效管理时，很多企业都会明确地告知员工，目标达成率达到多少，企业会拿出多少的奖金进行奖励，绩效达到 A 的可以优先考虑提职加薪等激励政策。但是 OKR 实施并不提倡这样用物质奖励直接挂钩目标达成率，有的企业实施 OKR 失败的原因就是在后面的这个环节。

20 世纪 50 年代，心理学家赫茨伯格在对动机理论研究时发现，工作本身的丰富性和挑战性同样能够增加员工的内在动机。他提出了心理学界著名的"双因素理论"。双因素理论认为，人的激励因素有两个，一个是保健因素，另一个是激励因素。保健因素指一个人展开工作所必需的条件，如工资、岗位、培训、福利工作设备等；激励因素是做好工作所需要的条件，如晋升、奖金、价值的肯定、额外的工作条件等。保健因素不会有激励的作用，当它缺乏的时候人们会不满，存在的时候不满减少，但不会带来满足感。

笔者曾经在一家企业做人力资源负责人，同时也负责企业的所有行政后勤支持工作。当时，企业有两条班车线，负责接送员工上下班。有一次，由于一条线路修路，班车改换路线，原来的路线中有一个停靠点不得不临时取消，这样一来，就有五六个员工不能顺路搭乘班车了。没想到的是，这个路前后修了好几个月，当时我们没有特别关注这些员工，习惯地认为这是公共环境造成的，企业也没有什么办法，员工如果要搭乘班车，可以到停靠的站点去乘，只是比原来从家里过去的路程长了一点路，所以我们没有采取任何安抚员工的动作。结果在这段时间，有两个员工流失，其中一个在做离职面谈时也提到上班交通不方便，离家太远，班车福利享受不到这样的理由。

当然，员工流失与没办法搭乘班车没有直接的因果关系，但是员工对班车线路变化，从原来可以享受班车福利到失去这个福利产生了不满。企业提供班车是典型的保健因素，保健因素的特点是具有刚性，一旦失去，员工就会表示不满，进而有可能导致员工流失率上升。保健因素用一句通俗的话说就是"做得好，给的这些都是应该的，一旦没有了就会感到不满"。

双因素中的另一个因素是激励因素。激励因素，顾名思义，就是具有激励作用。当激励因素高的时候，人们会有满足感；缺乏时，满足感低，但不会不满。激励因素用通俗的话讲就是让你有惊喜，就像买东西总有惊喜，看完电影还有彩蛋。本来你完成工作是你的职责所在，但是工作后企业给了你很大的认可和肯定，老板在大会小会上表扬你，这就是激励因素。

有人说：有多少人在为第二天没有工作烦恼，就有多少人为了第二天想得到认可而烦恼。对于此点，笔者深有体会。笔者曾经在一家规模比较大的咨询公司做市场部经理，每年公司都要举办一次高端经济发展论坛，笔者负责这个大型论坛的筹备、组织和召开、后期宣传等一系列工作。由于论坛的级别非常高，邀请来参加论坛的都是国内排名前200的上市公司的董事长、总经理或董秘，会议规模大约 300 人。

在这个论坛前一个月公司还有一个小型专家研讨会，为的是给后面的论坛所研讨的内容做定向和准备。论坛的演讲嘉宾会邀请国内著名的经济学家、国际知名商学院教授、最佳实践的知名企业家。由于论坛的规格很高，每次也会邀请很多媒体来宣传会议的盛况。所以，整个论坛需要接待的对象有企业家、经济学家、教授、媒体等。当时，市场部包括笔者本人在内只有 5 个人。从每年的 4 月份开始筹备，一直到 6 月份举办论坛，我们市场部的小伙伴们到了这个时候都非常兴奋，有个负责邀请工作的同事，每天都主动加班。他说企业家们白天都很忙，只有下班后打电话给他们，他们才能安心地接听和处理。所以，他在下班后拨打邀请电话能得到反馈和回复的也最多。

虽然当时公司没有额外给我们市场部任何奖金的承诺，但是，笔者作为部门经理要负责那么高规格的论坛筹备并没有感到特别大的压力，因为有团队的支持，团队整个氛围积极向上，大家心里都有一个目标就是：一定要把论坛办得非常成功！

现在回想起来，当时我们团队受到激励应该是以下几个原因。第一，我们都知道这是公司的战略活动。作为国内知名的管理咨询公司，对国际、国内经济形势的发展趋势必须比其他任何公司都要有洞见，而这个论坛是当时在国内很轰动的一次经济观点的饕餮盛宴。我们所做的事情直接关系到公司的品牌形象和经营发展，极具意义。第二，个人的价值感得到体现。论坛召开期间，由于我们的会议流程、接待安排显得非常专业，在会议中或会议后我们常常得到与会人员的赞美和夸奖，这份精神满足远比物质奖励来得有激励性。第三，自我成长。我们市场部的每个人都有各自的分工，在筹备过程中有许多挑战要克服，当我们经过努力克服了困难完成任务时，每次论坛结束，我们都能感受到自己的能力得到了提升。时至今日，当年的很多经验总结依然在笔者的工作中得到应用。由此可见，从工作中所获得的使命感、成长性和成就感的激励远远超过发一大笔奖金的激励。

赫茨伯格的"双因素理论"很好地诠释了OKR为什么在硅谷很多高科技公司大行其道，非物质激励的价值，不但可以达到与物质激励一样的效果，甚至发挥出让人意想不到的威力！

3. 缺乏对员工个性的尊重

在实施OKR目标管理中，不能激发员工的内在动机，还有个原因就是没有用"全人思维"来看待员工，缺乏对员工个性的尊重。有的企业把员工当成统一的"经济人"或"工具人"来看待。如果企业把员工当成"经济人"或"工具人"，完全在理性的视角去看待企业与员工的关系，把员工视为一样的、没有个性特征的、只是与公司等价交换价值的人而已，那么，员工对公司没有归属感，更谈不上工作时有激情了。

进入21世纪20年代的今天，企业里的Z世代员工比例越来越多，Z世代员工有着这代员工显明的个性特征。而企业的很多管理者是70后或80后，还在用自己那个时代的价值观和世界观来评判和管理员工。

不少企业的管理者抱怨说：为什么Z世代的员工这么难管？为什么Z世代员工总要挑剔上级、抱怨企业、不懂感恩？为什么邀请了大牌名师给Z世代员工培训，仍然不见成效？为什么明明开出了比市场水平还高的薪水，Z世代员工看起来还是不够认真，动辄就辞职走人？为什么Z世代员工什么事都关心，就是不关心自己的工作？为什么Z世代员工很多人都缺乏责任心……这么多的为什么折射出一个问题，就是管理者的手指是向外指的，管理者只看到员工身上的问题，没有内观管理者自己身上的问题。

管理者要善于自省，尤其是在组织的变革中，管理者到底充当了什么角色？在公司高层决定实施OKR时，管理者需要做什么？当Z世代员工已经成为很多企业的主力军，也将会是企业未来的核心竞争力时，管理者不要只是抱怨，而是要放低身段，了解员工的所思、所想、所爱、所好，懂得他们的需求、动机、个人使命，然后针对性地对他们进行有效的激励，才能驱动和赋能，留住他们的心。

设置多个目标且不聚焦

笔者曾经看到过一家企业的年度OKR目标定了十几个，几乎涉及企业的各个职能部门，文件的标题是OKR目标，内容却是企业各部门的目标汇总，而且大多数是比较具体的目标。按照OKR目标的定义和内涵，这些目标无论是数量、内容还是形式显然都不符合OKR目标的要求。如果企业一年要完成十几个具有挑战性的目标，那么，人、财、物、时间、系统等的资源配置就需要有很大的投入，即使企业决定不惜成本地投入资源，十几个目标也不能只投在一个目标上。每个负责目标的部门为了完成目标都会想尽办法争夺资源。企业一旦出现这种情况，就与实施OKR的初衷背道而驰。任何一种管理工具，我们用的不是形式主义或"戴帽子"的工具，而是想传递应用工具背后的管理理念。如果想真正接受OKR的理念，那么就不要定那么多目标，只聚焦在实现战略必须要完成的2~3个最重要的目标，正所谓"少就是多"。

缺少OKR对齐和共识是实施OKR技术上容易踩的"坑"。我们时常接到这样的咨询电话，说他们公司的OKR推着推着就推不动了。刚开始启动时，大家信心满满，感觉这是个好工具，能把全公司的各个部门都聚拢在一起，朝着公司既定的2~3个目标，大家只要根据自己部门的职能各负其责地往前推进就好了。但是到了季度末召开复盘会议时，发现各部门完成任务的结果和进度参差不齐，与当初确定的目标相差了不是一点点。

一般复盘的时候先要做目标回顾，通过目标回顾环节才发现，大家对目标的理解甚至对KR的理解都有差异，实施目标的策略路径缺少共识。这时再回溯一下刚开始启动OKR的时候，目标是如何设定出来的，这才发现公司开的OKR启动与日常的月度经营分析会没什么两样，目标是老板提出来的，然后请各部门负责人就目标谈谈自己的想法，大家无非就目标的合理性、挑战性、完成的可能性说说自己的想法，如果没有反对意见，所谓的OKR就这样定下来了。这不是目标的对齐和共识过程，而是自上而下的发布过程。这样的OKR实施推进一定会掉进"坑"里，成功的希望十分渺茫。

实施过程缺乏闭环管理

有些企业OKR推行之所以不成功，是因为缺少了闭环管理。有家企业在实施OKR时，非常重视前面的PD两个阶段的工作，后面的检查和改进在行动方面基本上就是各自的部门或小团队负责了，没有从企业整体层面共享和对齐信息，也没有进行检查和跟进。这就导致各个部门和团队对执行结果的理解不同，出现各自为政、越走越偏的情况。

应当把OKR的推行看成是一个整体项目，从目标和关键结果的设定开始，就要制订一系列计划，其中，要包含OKR项目推行的每个子计划和子行动方案、执行跟踪的措施、工具模板、执行负责人，以及里程碑结果检查，最后根据检查的结果进行改进和再行动，由此形成闭环管理，进入下个执行周期循环。这样才能保证OKR项目的推进环环相扣，目标、任务、关键结果都能在项目管理的可控范围内，促进目标的实现。

前面我们已经用一个章节介绍了OKR项目中复盘的价值和意义，这里不再赘述复盘的具体内容。但是这里还是要提一下"没有做定期复盘"是不少企业推行OKR中容易踩的"坑"。这个问题和上面的对目标缺少对齐和共识的"坑"有雷同之处，就是很多企业把总结当成了复盘。总结和复盘的定义与内涵有相似的地方，但是又有区别。

总结和复盘的共同点，都是基于对过去的工作或项目任务做客观、实事求是的回顾，以更好地指导下一阶段的工作。两者的区别是，总结主要是为了安排部署工作，将经验转为计划，对过去一段时间的工作情况进行概括和回顾，以工作职责和工作目标为引导，关注结果分析，通过摆事实和列数据的方式，强调面面俱到，突出重点，以工作评价为主。

复盘是对过去的一个项目或一个任务整个闭环流程的思维演练。它以一个事件或项目为主线，分析研究不论在过程上，还是在技术上，不论在团队合作上，还是在个人能力上要全程重演一遍，为的是把经验转化为能力，使团队成员通过复盘学习，不断提高。

所以，在推行OKR的过程中，只有做好阶段性复盘，才能为完成下一个目标做准备和铺垫，而不仅仅是总结。

缺乏对员工进行必要的培训

我们发现，有些企业实施OKR之所以失败，是因为管理者陷入了"知识的诅咒"现象。

1990年，美国斯坦福大学研究生伊丽莎白·牛顿在做博士学位论文时研究了一个心理学的课题，名为"知识的诅咒"。后来，她凭借对这个课题的研究获得了心理学博士学位。她研究的对象是一个简单的游戏。她将受试者分成两组，一组是"击节者"，另一组是"听猜者"。击节者拿到有25首著名曲目的清单，如耳熟能详的生日歌、美国国歌等，每位击节者选一首歌曲，然后在桌子上把曲目的节奏敲给听猜者听，听猜者的任务就是正确地猜出击节者所敲击的歌曲名。在伊丽莎白的实验过程中，她先让击节者估计一下听猜者猜中的概率，击节者预测这个概率是50%，就是击节者以为他每表演两首曲子，对方就能猜中一首。实际情况是一共击打了120首歌曲，听猜者只猜对了3首，成功率仅为2.5%。为什么呢？伊丽莎白对两组被测者做了深入的访谈和数据分析发现，击节者在击打节拍时脑中自然地会响起歌曲的旋律，而听猜者只能听见一串不连贯的敲击声。在这项实验中，所有的击节者都很惊讶，他们不能理解为什么这些听猜者不能听出他们敲击的曲目，他们感觉自己敲得已经非常明显了，听猜者怎么就猜不出来呢？当听猜者把美国国歌猜成生日快乐歌时，他们几乎无法相信面前的人为什么如此"蠢"。

伊丽莎白发现，击节者一旦事先掌握了某种知识，如一首歌曲的名字，他就很难想象缺乏这种知识的情景。击节者在击打歌曲的节奏时，想象不出听猜者听到的是一个个离散的敲击声，而不是连贯的歌曲旋律。这种现象就是"知识的诅咒"。

我们一旦知道某种知识，就无法想象不知道这种知识的人会做出什么行动，也不知道会发生什么，"知识的诅咒"使我们不会主动地去分享这些知识。关于这个实验，笔者有几次在培训课上也试着敲一首曲子让学员们猜歌名，结果也是一样，现场几乎没有人能正确地猜出歌名。

OKR乍看起来非常简单，感觉没有什么深奥的知识，不就是目标和关键结果吗？但是，一家企业要实施OKR帮助企业提升业绩，达成战略目标，OKR就没有那么简单。

首先企业在决定实施OKR进行目标管理时，需要在企业全员层面进行关于OKR的理念、为什么要在企业实施、如何实施等的培训。在培训员工时，从导入OKR的背景和意义，以及组织的愿景到OKR的核心理念和操作方法，都需要进行深入细致的讲解，要安排足够的时间。培训的内容不能仅限于理论，一定要有相关的案例作为佐证，让员工感到贴合实际，并能为他们提供实质性的帮助。培训应由两个部分组成，除了老师的讲解，还需要员工进行复述和分享。有条件的企业，可以结合一部分部门和岗位的实际工作进行沙盘演练，也可以组织员工结合自身工作实际以实操工作坊的形式开展培训。

另外，在开始实施后，落实到具体的如何设立目标、关键结果等也要进行实战培训，包括如何召开每周、每月、每季度OKR复盘会议。

每个企业的文化基因不同、条件不同、环境不同，OKR的前、中、后期培训内容也要结合企业文化和行业特点来进行培训。

这里分享一个培训做得特别好的案例，就是丽思卡尔顿酒店的培训体系。虽然不是一个OKR的培训，但是他们的培训从企业文化价值观入手，结合企业的服务理念，最重要的是培训中重点关注了人的感受，尊重员工，将"员工"变成"酒店人"的理念，这一点特别值得很多企业在OKR实施中开展培训时借鉴。

丽思卡尔顿酒店自成立以来就确立了"我们以绅士淑女的态度为绅士淑女服务"的服务理念。他们的培训就从这里出发。为了让新员工对这句店训有深切感受，相信自己与客人受到同等的尊重，酒店不惜重金投入经费，针对不同级别的员工开展培训。培训开始前，高层和总经理会对新员工进行逐一的问候与祝贺，并娓娓讲述酒店的"黄金标准"。这种既隆重热烈又细致入微的欢迎方式，加深了员工的自豪感，让员工感受到一种加入酒店后的尊荣，很快就能融入酒店这个大集体。

酒店的"黄金标准"就是一张小小的三折卡，被称为"信条卡"。在酒店，无论是总经理、高管还是普通员工，每个人都会随身携带一张这样的信条卡，上面明确写有"黄金标准"的全部内容，包括信条、座右铭、优质服务三步骤、员工承诺，以及十二条服务信念等。

在这一环节，既有经验丰富的培训师仔细讲解，也有资深的老员工"现身说法"，培训内容包括酒店服务理念、优秀服务故事、工作心得等内容，现场还有情景模拟，鼓励新人把学到的知识应用到实践中，帮助员工清晰了解在丽思卡尔顿酒店所扮演的角色以及"黄金标准"背后的理念。

该酒店全球培训高级经理表示，他们不是为了培训而培训，培训的真正意义在于让员工能够胜任工作。培训师在教学中会随时关注员工对课程的理解，并在收到反馈后及时给出指导意见。在这样的互动中，培训流程不断得到优化。每一个新员工都有自己的培训清单，具体的培训项目写得清清楚楚，无论是其中哪个项目，结束后都要由培训师进行认证，全部培训认证结束后，有专门的培训总监对所有人的项目进行追踪，确保培训做得到位。

不仅如此，随着培训流程的不断完善，员工在入职一年后还要面临新的认证。正是酒店这种精益求精的理念既让员工对制度心存敬畏，又激发了员工在认证通过后的自豪感，酒店的愿景和信念在员工心中得到持续的理解与认同。

为了丰富员工的知识结构，培育创新思维，以及为人才储备做准备，酒店还特别设立了全球培训中心，为员工持续提供培训服务，内容涉及领导力培养、员工培训、客户关系管理、质量管理流程等方面，员工向上成长的每一个阶段都有集团雄厚的教育资源做支持，在这样一种从容而备受尊崇的氛围中，接受培训者的自我认同逐渐由"员工"变为"酒店人"，培训体系和酒店文化有机地融为一体。

回到我们的话题针对OKR培训，虽然OKR的形式看似很简单，但在OKR的实施过程中，不但要求使用者思考做什么，以及为什么做，而且还要引导员工高质量地参与，对员工进行授权。这不仅涉及方法本身，还涉及组织内各级员工的工作方式、思维模式的改变。

引入OKR目标管理是一个系统工程，组织要做的不仅是培训大家了解什么是OKR，还应该培训管理者了解如何引导下属共创高质量的OKR、如何进行逐级授权、如何进行追踪和反馈，必要时还要引入OKR教练进行现场诊断和指导。

在培训新方法的阶段，要给员工提供足够的资源，使他们很容易就能找到这些资源。不仅可以发送电子邮件进行说明，还可以开发OKR实用指南、OKR示例文档、OKR错误示例，以及提供领导者使用的OKR演示文稿，甚至准备OKR在同行业其他企业的成功案例。

有的企业还会在内部举行一系列的OKR研讨会进行互相学习和探讨，以促进OKR的顺利开展。只有多种手段并举，才能帮助人们正确地理解和使用OKR，企业也才能收获实施OKR后的切实好处。

未能建立协同的文化机制

在网络时代"协同"这个词大家都不陌生，无论是企业管理内部团队之间，还是网络游戏都要求协同。所谓协同，就是指协调两个或者两个以上的不同资源或者个体，步调一致地完成某一目标的过程或能力。

OKR是集全公司之力共同完成3个以内最重要的目标，各个部门的协同是必要条件。遗憾的是，因为很多公司都存在"部门墙"，各个部门充斥着本位主义，缺少合作、协同的文化，当有些工作涉及2~3个部门需要协同的时候，就会出现互相推诿的情况，没有哪个部门愿意站出来承担责任。当公司缺乏协同文化，只是一腔热血地要推行OKR的话，掉到这个"坑"里也是很正常的事情。

我们经常看到有的公司墙上挂的，或者网站上宣传的都是诸如诚信、合作、效率、卓越等这些文化价值观的词汇，它们就是这家公司希望宣传的企业文化理念，如果没有实质性的落地措施，内化到员工的行为规范中，那么，这些文化理念就仅仅是文字而已。

文化的培育非一日之功，它需要一个长期的培育过程。当公司决定引进OKR管理方法时，一定要关注如何与公司的现存文化融合，注入协同的文化因素，建立协同机制，先僵化，再固化，最后优化为长效的协同管理文化。

第七章　避免踩"坑"的正确"姿势"

一个人知道了自己的短处，能够改过自新，就是有福的。

——莎士比亚

将"推动OKR落地"放在CEO的OKR里

当一个组织开始考虑将OKR作为绩效管理框架引入企业时，最好从组织的中心开始，也就是要将"推动OKR落地"放在管理层或CEO自己的OKR里。

在这里，管理层或CEO的OKR目标一旦被设定，就像火车头一样带动组织朝着正确的方向前进。

公司各级的OKR将被逐级分解到所有的团队中，以使每个人都能与愿景保持一致并参与其中。

当CEO进行深度思考后写出自己的OKR时，等于CEO自身立了一个标杆，树立了一个楷模。各职能部门负责人、各事业部负责人都会照着这个楷模去思考并设立自己的OKR，团队领导者也会照着这个楷模去设定自己的OKR。

因此，当每个季度企业的CEO在认真设定自己个人OKR的时候，这家企业的OKR实施落地的成功概率就会大大增加。如果当一家企业的CEO的OKR只是用企业级OKR代替自己的OKR时，这个担子没有落到责任人身上，那么，部门级OKR是否也可以作为部门负责人个人的OKR，依此往下类推呢？

让我们来看一个案例。某互联网公司CEO，了解到OKR目标管理法在硅谷互联网企业比较流行。他认为自己的公司也是互联网企业，采用OKR一定会有效果。于是，这个CEO就下了个指令给人力资源部要求公司导入OKR。人力资源部立刻找了相关资料，参考公司的具体情况，制定了一个公司的年度OKR提交给CEO。

CEO拿着人力资源部制定的公司级OKR作为自己的OKR，在一个部门经理月度会议上宣布，今年要全公司实施OKR。这个宣布意味着公司导入OKR的工作正式启动。随后，人力资源部发出一个书面通知，让每个部门的经理在指定的某个日期前提交自己部门的OKR。人力资源部再将每个部门提交的OKR收集上来。至此，该公司的OKR实施导入工作告一段落。

你肯定要问，这也算实施OKR吗？这与传统的绩效管理收集各个部门的绩效考核表有什么区别？公司的OKR可以作为CEO的OKR吗？部门的OKR就是部门负责人的OKR吗？参照OKR实施的最佳实践来看，这些问题的答案都是否定的。OKR实施绝不是机械的、直线性的、纯理性的操作。

OKR方法论之所以在管理中奏效，是因为它在实施过程中把组织和人的因素与目标、任务、关键结果牢牢地绑定在一起。OKR的目标设定不同于传统的目标设定方法。这个目标不是将公司经营目标理性地分解，而是公司愿景和使命，以及发展战略的一种显性的、清晰的、可激励人去实现的意愿表达，设立目标的过程也是共启愿景的过程，无论是目标还是关键结果，都是一种犹如人们看到企业的蓝图一样振奋人心，团队的每个人都会关心OKR，都希望在OKR的设立上有自己的话语权，从公司到部门，再到团队到个人，一系列的OKR集中在一起就像是公司未来美好的蓝图。

一个组织如果决定实施OKR目标管理，那么，作为CEO就需要100%参与到这个过程中来。举凡用OKR进行目标管理取得成功的公司，最高层负责人都会亲自参与并成为OKR目标管理的一分子。

我们再次强调，OKR的实施是个变革管理的过程，尤其是第一次导入的公司更加需要经过一定的时间磨合和检验。以季度为一个阶段，经过一年3~4个季度的实施之后，OKR目标管理给组织带来的效果才有可能初见成效。

之所以需要这么长的推广过程，原因很简单，是因为OKR不是一个可以"一刀切"的方法论。每个组织都有自己的内部基础设施、成功指标和运营节奏。而作为CEO的挑战是没有那么多的时间一直关注在一件事上，所以第一季度最为关键，也最具挑战性。第一季度需要将OKR做定向和定位管理，为后面的每个季度树立行动的标准。第一季度可能产生的问题也最多。为了确保企业成功实施OKR，CEO自己需要做出表率，分配一定的时间与团队一起共同推进OKR项目。

有句话说得好："身边榜样的力量是无穷的。"CEO就是公司高管的榜样。在OKR实施中，CEO无论是设定自己的OKR，还是每周、每月、每季度的复盘会议都身先士卒，以身作则，那么，下一层的高管一定也会紧跟其上。如果OKR推行执行不能成为CEO个人OKR的一部分，OKR的推行有可能大打折扣，也可能会多走一些弯路。

从CEO到下一层高管，再到总监、经理，最后到员工，每个层级的人都要制定自己的OKR，把OKR的责任真正落到自己身上，而这些OKR的内容都有着内在的联系和逻辑关系，既不是简单的拼凑组合，也不是完全固化不变的。如百度自上而下的个人OKR要循环嵌套。CEO李彦宏会第一个设置OKR，然后他的N-1层会做一次对齐，再带着OKR跟下属来对齐。一次循环嵌套，至少要三层。

百度文化委员会秘书长崔珊珊认为："只有这样，OKR才能进行目标的化学拆解，而不是物理拆解。"从目标的制定再到横向、纵向的对齐，这不是单纯依靠HR部门就可以完成的工作，如果CEO不深度参与，不拿自己"开刀"，也就无法引起员工的重视。企业第一负责人在改革的时候冲在最前面，对员工有着巨大的激励和带动作用。

总之，企业第一负责人必须高度重视OKR的变革管理，将推动OKR实施放在自己工作任务的第一象限亲自参与。这样才能在实施OKR的过程中，根据外部环境和内部实施OKR的具体情况，聚焦目标、协同各部门对OKR进行不断调整，确保取得预期的效果。

用靠谱的目标激励员工

随着时代的发展，越来越多的企业要求激发个体的内在潜能和动机。基于这样的时代背景，OKR的诞生成为诸多高科技企业进行目标管理的"香饽饽"。因为OKR的目标和关键结果的设定及实施就是不断激发个体潜能的过程。

OKR目标关键结果法的底层逻辑符合两位心理学家Locke和Latham于1990年提出的目标设置理论。目标设置理论的基本观点是，人们的行为受内在意向、目的或目标激发。该理论的目标是个体有意识地想要达到或实现的东西，也就是内在的动机。简单而明确的目标有助于提高员工的工作动机和工作绩效。目标设置理论将传统的反应式的激励方式变成了激发个体潜能的形式，认为个体不只会对组织激励做出被动反应，在强烈的目标承诺下，也会激发员工产生主动性行为。在实现目标的过程中，员工会对成功的可能性进行评估，并根据评估结果调整自己的行为和努力的程度，进一步激发潜能完成目标。

由此可见，一个企业要成功实施OKR，设置靠谱的目标和关键结果显得尤为重要。目标和关键结果设置得好坏，直接关系到对员工有没有激励性，员工看到这个目标与关键结果愿不愿意为之努力奋斗。

高绩效的 OKR 系统一般具有如下 3 个共同点。

（1）目标和结果可以被量化。

（2）个人或团队的 OKR 必须在每一天、每一周、每一个月都有"露脸"的机会，即有持续性。OKR 使用者必须时刻将目标和结果铭刻在心。

（3）目标要设置得有野心，最好超过能力范围。目标如果百分之百能完成，这就不符合 OKR 目标，没有挑战性，也就没有推动性。一个目标的完成度为 70% 是非常完美的 OKR 目标。这个目标让团队知道这个阶段团队的极限在哪里，团队还有多大的上升空间。

OKR 就是组织内团队成员之间为了共同的目标最有效的沟通工具。大家即使不说话，只要看到目标就能知道我们到哪儿了，各自完成的情况如何，距离理想的彼岸还有多远，我们需要彼此怎样的合作和支持。

好的目标是团队成员共同讨论产生的，目标需要准确地描述公司需要最大改进或提升的地方，以及一个可以衡量的未来理想状态。比如一家公司设立的 OKR 的目标为：成为目标客户的首选公司。这是一个有竞争性的目标，它表达了公司要成为某个细分市场的领头羊。设立了这个目标，就需要有具体可量化的 3~4 个 KR 关键结果做支撑，让团队成员看到清晰且简单的目标。这个目标的底层假设是我们要做行业老大，如果公司成了行业老大，意味着在这个公司工作的员工就有一种自豪感和荣誉感，员工的市场价值也会产生品牌背书的溢价，从而激发员工为之努力的内在主动性，可以说这是一个具有激励性的目标。

综上，要激发员工完成目标的内在动机，目标和关键结果的设置是关键。在这个环节，团队一定要安排多一点时间用来讨论、共创，听到每个成员内在的声音，真正设立一个对公司、对团队和对个人都有使命意义的目标和关键结果。

OKR培训从中层管理者入手

OKR所显示出来的价值是毋庸置疑的，特别是如何把整个组织的努力都团结到公司高层领导的真正意图上，并让所有员工都为此做出自己的贡献，OKR体现了它不可取代的价值。不管是对公司的高级管理人员，还是一个小团队的管理人员来说，OKR都是超级棒的体验式的培训工具，它教给你在各种资源受限的情况下如何管理你的公司和团队。

任何一个管理工具，如果没有人的作用它也仅仅就是工具而已。在企业中有这样一个特别重要的、推动绩效并承上启下的角色，就是中层管理者。管理大师彼得·德鲁克在《管理的实践》一书中写道："在每个企业中，管理者都是赋予企业生命、注入活力的要素。如果没有管理者的领导，生产要素始终只是资源，永远不会转化为产品。在竞争激烈的经济体系中，企业能否成功，是否长存，完全要视管理者的素质与绩效而定，因为管理者的素质与绩效是企业唯一拥有的有效优势。"从大师的思想中，我们可以获得这样的认知：想要让OKR在企业中真正落地，这个企业管理者的素质和绩效要不断提高，他们必须身体力行、知行合一，并持续地接受新知识和新技能的培训，才能实现管理思想系统的切换。

学过一点历史知识的人都知道，项羽力拔山河气盖世，被称为西楚霸王，但最终却败给了刘邦。后人评说刘邦是最会当领导、最具备管理智慧的人。项羽的手下都是精兵强将，刘邦所率领的却是杀猪卖菜的乌合战队，但最终却不可思议地击败了项羽。是刘邦运气好吗？答案当然是否定的。既不是运气，也不是他的团队尽是人才，而是刘邦会用人，能够把平凡普通的人变成可造之材。刘邦不仅会用人，而且会激励人。刘邦在青年时期就曾游历天下，拜师学技。学的不仅仅是知识，更多的是认知，是智慧。普通人物在刘邦手下，学会正确认知自我，激发出天性中最强的一面，顿成将相之材。正所谓"千军易得，一将难求"。

在企业实施 OKR 变革管理时，对作为企业的资源转换连接站，担当着转化资源、实现公司目标重任的中层管理者的培养是企业的重中之重。这些中层管理者首先要清晰组织对自己的职责要求，其次要通过不断学习和培训，使自身素质和能力不断提升以行使一个中层管理者的职能，并不折不扣地传递组织的战略意图和分解组织的战略目标。

那么，什么是中层管理者的职能呢？管理大师巴纳德在《经理人员的职能》一书中对经理人员的职能所做的定义和阐述，完全契合中层管理者在 OKR 实施中需要扮演的角色以及发挥的作用。首先，巴纳德认为："经理人员的工作是管理工作和非管理工作的混合体，经理人员职能重在维持一个庞大而复杂的协作努力体系，他并不是管理着一群人，而是在协调、指挥着组织的一系列活动。经理人员不是独立的个体，其活动是非个人性质的，他依存于整个组织和组织的其他成员。他的活动与整个组织的活动休戚相关、相互联系、相互影响。"

仔细解读这个定义，再回来看推行OKR实施，我们不难发现，OKR有一个重要的价值就是高效协同，通过OKR基于目标和任务，使团队高效沟通并协同。所谓高效协同正是需要这些中层管理者在其中发挥沟通、协调、信息交流的作用。

其次，巴纳德把经理人员的职能又细分为以下三点。

1. 提供沟通体系

鉴于经理人员处在组织信息交流中心这个关键职位，为了维持信息交流体系的运行，经理人员需要完成两个重要任务，即组织构造和人员配置。组织构造用通俗的语言说就是组织架构设计。组织架构设计就是要做工作分析、定岗定职，组织里的每个岗位都有相应的职责，用职位说明书和分工形式明确地表达出来。人员配置就要考验中层管理者的领导能力。人员配置包括：中层管理者选择什么能力的人加入团队？以什么标准，通过什么方法选择成员加入团队？以上两点在OKR实施中都需要中层管理者有相应的素质和能力。从公司、部门，到个人职责的基础原则上是根据组织架构设计来分工。但是为了完成挑战性的目标，经理人要如何重构部门架构？如何选才、用才，将最合适的人放到最合适的位置上？如何用人所长，让员工发挥优势，激发最大的潜能？是因岗设人还是因人设岗，还是为了目标的实现既因岗设人又能因人设岗？

2. 发挥促进作用以便获得必要的努力

这句话听起来有点绕，不太好理解。其意思是说，中层管理者有责任促进团队的每个成员努力工作，并使团队成员通过努力为组织做出贡献。

如何发挥这个职能，巴纳德也给出了两个建议。一是引发团队成员对组织的兴趣，这就是我们常说的共启愿景使命，让员工看到组织的蓝图中有自己的色彩，产生归属感。二是中层管理者要想方设法用各种管理手段和措施，向员工提供支持和帮助，使团队成员与公司建立协作关系，从而为组织加倍地贡献力量。此点在OKR的推行实施中，组织实施OKR的信息共享机制，每周、每月、每季度复盘跟进机制，信心加固辅导机制都是中层管理者施展拳脚的舞台。OKR的信息共享，一方面让团队成员看到我们离目标还有多远，另一方面掉队的、遇到阻力的卡点大家也一目了然。这些掉队的人员就需要团队支持和帮助，此时中层管理者的协调能力、激励他人的能力、解决冲突的能力就需要一一展现。

3. 提出和界定目标

目标的制定和分解是组织决策过程中的一项重要工作，是企业中层管理者必须要承担的管理工作。他们不仅要制定目标，还要设法让所管理的团队成员认同这个目标。以往企业制定目标都是制定年度目标，现在推行OKR目标管理法，除了制定年度目标外，每季度都要在公司总目标下制定新的目标。在制定目标的同时，一定要将目标完成的结果具体化和视觉化。而且，制定目标的过程一定是上下联动，中层管理者不仅起到自下而上地发动、激励、共创愿景的作用，同时也起到自上而下传达、宣贯企业愿景使命的作用，像中枢神经枢纽一样地保证企业沟通交流信息的通畅。

从以上中层管理者的职能，以及实施OKR过程中中层管理者可以发挥的价值来看，中层管理者的组织管理能力和领导力需要具有一定的高度。公司要建立相应的培训机制，邀请专业的顾问老师或领导力教练给他们赋能，促进他们不仅自己给组织做出贡献，也能支持和帮助团队成员给组织做出贡献。

让OKR成为跨部门合作的纽带

随着分工高度专业化和精细化，成员之间的交流合作方式也变得日益复杂。不同部门、业务单元之间虽然公司的业务流程很清晰，但是在实际运营中还是会有流程不能解决的问题，毕竟每个部门各自对目标、实施路径的理解不同，看问题的视角也不同，跨部门沟通出现扯皮现象时有发生，甚至发生冲突。当发生扯皮或发生冲突时，不少人都是抱怨其他部门的情况多，内观反思本部门的人少。

笔者曾经在一家企业做管理咨询顾问，有次生产部门的一个经理说，他所在的生产部门接到销售部门一个销售代表的电话，通知有一批被退回来的货需要紧急处理，退回来的货已到仓库门口。但因仓库系统上一直没有显示这笔退货订单，所以货只能放在仓库门口不能入库，希望他去找供应链仓储部的主管通融一下，先把货拉到仓库里再追补手续。他们公司的退货操作流程是客户端直接在系统上操作，完成退货订单处理后，货物才起运回公司。所以，这位生产部经理就问销售代表："你确认客户那边已经操作了退单吗？"销售代表非常肯定地说，客户的确操作了，但是他也不知道为什么公司系统没有收到这个信息。销售代表担心这批要处理的货被延误了下次再出库的时间,就绕过了仓储部主管直接打电话找生产部经理来协调。这位生产部经理还去找了信息部系统工程师求助,希望信息部查一下有没有发现这笔退单,信息部的回复是暂时没有发现退单,系统也没有出现问题。他满脸无奈地告诉笔者说:"类似的事情经常发生。公司最重视销售部门,要求其他部门都要支持销售部门的工作,所以销售代表比谁都大,可以指挥任何一个人。像这种事情,最有可能是客户没有操作退单,但也有可能系统出现了漏洞。我们生产部应该只管产品生产制造的事,而不是去协调仓储啊,或者信息部啊,这类不是我们部门应该做的事情。"他认为,公司的跨部门之间就是一堵堵墙。

这个案例估计在很多中小型制造企业都会发生。一笔退货订单可能需要销售部、生产部、供应链仓储部、信息部四个部门跨部门协同处理。我们暂且不去评判这位满脸愁容的生产部经理是否具备管理者的格局和有效沟通的领导力,就从这位经理反映的所有部门都要支持销售部内容上,我们也能看出这家公司虽然有结果导向的文化,但没有建立一个目标导向的公开透明机制。结果导向让销售部门的员工可以凌驾在其他部门之上,部门之间缺少了平等和尊重,反而让跨部门沟通变得越来越难。

所幸的是,这类涉及业务目标、管理流程、企业文化、管理者领导力的跨部门的复杂问题,在企业引进OKR目标管理后,会像打怪升级一样一步步得到改善。

1.公司各部门需要对公司级OKR进行公示

确保各个部门的OKR目标与公司级OKR目标的方向和执行是一

致的。

目标共识的过程要求定义并对齐OKR目标,确保大家对OKR的解读、对关键结果的拆解等理解是一致的。公司各部门可以借助OKR同步会、协同团队OKR对齐会之类的方式,由相关KR负责人,针对OKR中所有的目标定义和关键结果等内容达成共识。当发生如上案例的跨部门沟通低效、扯皮现象时,部门负责人或KR负责人就可以召集相关人员召开快速协调会,大家不带情绪、心平气和,每个人对齐要达成的OKR目标,检视自己需要做什么可以为团队解决问题,并做出贡献。

2. 高频次定期回顾

比如每周召开一次进度跟进会,确保团队每个人的精神状态在线。团队成员完成任务过程中有困难,KR负责人及时给予支持,补充能量,增强信心。

每月召开一次行动策略检讨会,检视任务执行情况离目标还有多远,确保方向正确并正在向目标逐渐靠近。如果进度比预期慢,或者策略效果不好,就要及时调整偏差,制定新的策略。

每季度召开一次复盘会。

OKR的复盘会,需要对过去的三个月的实施情况做整体回顾,包括OKR的各个环节,各团队的任务进展和团队氛围。在全公司范围内,各个部门再一次对齐OKR目标和关键结果,让跨部门的问题充分暴露,并群策群力及时解决问题。

3. 及时调频

初始目标设定并对齐不能一劳永逸。随着OKR执行时间的推移,由于外部环境和组织内部等各方面因素的不断变化会对最初的目标产生影响。一般部门自内能够保持目标调整的更新同步，但容易忽视其他部门和协作伙伴。所以，在OKR推行过程中，一旦目标、进展、动作、指标等发生变化时，需要及时与合作团队再次做OKR的对齐，以确保双方目标、步调始终保持一致，以达到跨部门协作。这样也可以帮助在组织内的不同团队之间建立一致性。

营造协作的团队氛围

协作的团队氛围就像是肥沃的土壤，能给团队的每个人以滋养，使团队成员在工作中充满喜乐、开心工作、快乐生活，充分发挥自己的主观能动性，创造出自身的价值。

营造团队良好协作的氛围是每个OKR负责人的责任，也是团队管理者的责任。一个企业选择了推行OKR进行目标管理，就是选择了一条不寻常的路，这条路充满了挑战和各种困难。在迎接挑战，朝着OKR目标前进的路上，OKR负责人为了能带领团队打赢这场战争则需要时刻注意加强自身的领导力修炼，并刻意训练激发个体潜能的几个基本的团队领导力技能，如唤醒、接纳、信任和鼓励（见图7-1）。

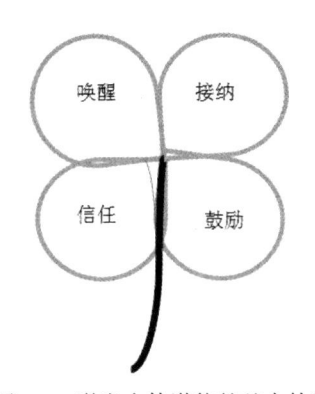

图7-1 激发个体潜能的基本技能

1. 唤醒

所谓唤醒，根据百度百科的解释，是指个体受到刺激而产生的感知觉的反应，可分为生理唤醒和心理唤醒两种。这里的唤醒指的是心理唤醒，即指个体对自己身心激活状态的一种主观体验和认知评价。我们发现，在企业有这样一些人称自己很"佛系"，潜台词就是"我不喜欢那么兴奋，我也不喜欢争强好胜，我把分内的事情和领导交代的工作做好了就可以，其他的事情别来烦我"。像这样的员工，他对工作的态度没有那么积极，任何事情都显得"事不关己，高高挂起"，就像一个小孩子不合群一样，给团队其他人的感觉就是这种人的工作状态一般。但是，有可能他的专业能力很强，所做的工作成果对公司OKR、对团队OKR的贡献都不可小觑。面对这类员工，对部门领导或KR负责人的领导力来说是个考验和挑战，既不能放任自流，又不能严加管教。如果放任自流，有可能他就变成团队的一个"例外"，与团队有疏离感，时间长了对团队整个氛围会带来不良的影响。严加管教也不合适，因为他在工作上并没有掉链子，总能完成团队的任务，从某种意义上说他的交付对团队目标有价值，只是状态上显得很淡然。作为团队负责人需要关注这类员工，了解其背后深层次的原因，是个性使然，还是公司、团队乃至目标都没能激发他的热情，根据他的具体情况给予关爱，用使命和愿景唤醒他内在的自我，从而更好地融入团队。

2. 接纳

企业团队的组成一般都是根据组织架构设计的，同一种职能或专业的人会分在一个团队。尽管每个人加入公司时都经过了面试，但是随着时间的推移，有的人非常努力，能力不断加强，而有的人的能力可能只保持在一个稳定的水平，任何一个部门或一个团队成员的能力都有高低。OKR负责人要有更大的胸怀接纳每个人，可以对能力强的人赋予更多的任务和挑战，也鼓励团队成员之间相互帮助和相互支持。

除此之外，个性的差异也是千差万别的。美国南加州大学统计科学研究所等研究机构共同研究的行为特质动态衡量测评系统（Professional Dyna-Metric Programs，PDP）可以衡量一个人的行为特质、活力、动能、压力、精力及能力情况。PDP根据人的天生特质，将人群分为五种类型，包括支配型、外向型、耐心型、精确型和整合型。为了将这五种类型的特质形象化，根据这五类人的个性特质，又形象地被称为老虎型、孔雀型、考拉型、猫头鹰型和变色龙型。老虎型行为风格的人权威、果断、强势，说话简明扼要，不喜欢人啰唆，有风险偏好，喜欢挑战和创新；孔雀型行为风格的人热情、积极乐观，善于主动表达和沟通，喜欢营造团队氛围；考拉型行为风格的人温暖、耐心、亲和、稳定持久、关注他人，善于制定长远规划；猫头鹰型行为风格的人严谨、重架构和程序、追求完美，关注规则、细节、逻辑，决策谨慎；变色龙型行为风格的人灵活，善于协调，环境适应能力极强。

在OKR实施过程中，KR负责人或团队负责人要接纳多样性，发挥各自的优势，用人所长。

如目标对老虎型行为风格的人来说很适应，他们喜欢挑战，有开拓精神，目标高对他们来说会更兴奋，更有激情去完成任务。安排工作时可以让这类员工独立负责某项工作，开疆辟土。

对于孔雀型行为风格的人，在OKR前期宣讲培训阶段，以及实施过程中任务完成度不好团队士气低迷时，或者原先考虑的实施策略行不通时，都可以请他们多承担一些工作，此类人的乐观、喜创意、善表达等优势可以在这些时候发挥优势。

团队有时候有些工作需要耐心，比如客户服务、制订规划、活动准备等，考拉型员工可以做得比谁都好。

猫头鹰型行为风格的人的特点是讲究规则，OKR每周、每月、每季度的流程会议他就当仁不让了，请他收集各团队的执行进度信息、组织安排各种会议，会后整理数据分享给大家。实施过程中需要制定的规章制度、流程等也可以交给猫头鹰型行为风格的员工来做，他们会做得井井有条，总结起来就是两个字：靠谱！

OKR推行中还有一个非常重要的工作就是组织协同，这个工作是变色龙型行为风格的人最擅长的工作了。公司整体OKR是一盘棋，每个部门的OKR之间都有着联系，当业务关系是上下游的团队和团队之间进度不同时，可能会产生冲突，部门与部门之间因资源分配不同可能会产生矛盾等，这个协调、谈判的角色非变色龙型行为风格的人莫属。

所以，营造一个协同的团队氛围和OKR的实施推进二者相辅相成，团队负责人善加利用这些资源，一定会事半功倍。

3. 信任

信任是一个领导力的词汇，在汉语词语中的第一个定义是：相信并加以任用。相信则是我们日常生活和工作中的高频词。在日常生活中，经常听人说"请相信我"，或者说"你怎么不信我"。在工作中的场景中，领导对下属说"我是相信你的，这个工作你一定可以做好"。或者是下属自己在嘀咕："我们老板好像不太相信我。"信任的确因其抽象性和结构的复杂性，很难精准地定义。它在社会学、心理学、管理学等不同的学术领域都有不同的定义，所以，迄今为止对信任并没有统一的定义。本书是关于在企业场景中如何将OKR落地的，所以，我们还是来看一看管理学和心理学是如何定义信任的。

管理学认为，信任是对他人知识、能力和善意的假设，就是相信对方不会损害自己利益的信念。

心理学则认为，信任是一种稳定的信念，维系着社会共享价值和稳定，是个体对他人话语、承诺和声明可信赖的整体期望。

从定义中我们知道信任是一种信念，也是一种期望，这完全取决于一个人的感性认知。人们发现信任有六个特点。第一，建立信任很难，但是打碎它是分分秒秒的事情，友谊的小船说翻就翻。所以信任需要呵护。第二，信任是双方的。它与彼此的亲密度有关。如果你要买一件衣服想征求一个人的意见，你可能会找那个经常一起逛街、一起喝咖啡聊天的人，因为你信任他。第三，我们无法要求别人信任自己，只能管理自己"可被信任"的行为。第四，信任关乎人品，做人靠不靠谱是信任的基础。第五，信任与专业和能力有关。老板是不是把一项工作交给你做，看的是你有没有做这件事情的能力。第六，信任与一个人考虑自己的程度有关。

笔者举一个企业的案例，正好反映了以上信任的几个特点。

有家小规模的高科技公司，某天突然接到一个投标任务，老板特别高兴，毕竟有机会投标就有商机。但是，当他回到公司准备布置任务时却有点迷茫了，毕竟他们是第一次做标书，首先不是很了解如何做，其次要准备这么多资料不知道该分给哪个部门做，也不知道做的过程中需要哪些资料，会涉及哪个部门。老板灵机一动，决定临时组成一个制作标书的突击工作小组，行政部、项目实施部、市场部和技术部各安排一个人进小组，给3天时间完成投标书。

老板快速行动找了4个部门的负责人，让他们各派一个人进突击工作小组，指定行政部的负责人牵头负责这件事情的推进，并及时向老板汇报进度。标书的内容比较多，涉及的是公司资质类资料和技术方案类内容，所以行政部和技术部的两位员工每天加班加点一刻不停地在制作标书，项目实施部和市场部相对需要提供的内容比较少，安排进组的两位员工感觉也插不上手，基本上没怎么在工作小组出现。只有行政部经理带着行政部和技术部的两位员工没日没夜如期地完成了标书，也赶上了参加投标。

老板看到这个结果很高兴，觉得自己当时决定成立突击工作小组这件事情做得很正确，另外，也觉得团队的成员特别棒。他想不管能否中标，团队的士气很重要，他要表扬这个跨部门的小团队。于是，他请行政部经理召集突击工作小组的4个人到小会议室开会。

老板不吝赞美之词，表扬了小组这次的表现。但是，老板发现行政部经理和行政部员工、技术部员工的表情看起来并没有那么开心。他让项目实施部和市场部的两位先回工位，留下了面带不悦的三位。老板对他们说："第一次完成了这么大的事情，你们应该高兴啊！我怎么感觉你们好像有点不太开心，是不是有什么话要对我说？"行政部经理脸色严肃地坐在那儿，一副装聋作哑的样子。行政部的那位员工开腔了，她带着委屈说："明明4个部门成立的工作小组，最后就变成了我们经理带着我俩干活儿了，这几天他们一次都没有加班。"技术部的员工也嘟囔了一句："其实，他们也帮不上什么忙。"这时，老板忽然意识到是自己被打脸了。他当时成立突击工作小组的本意，首先是担心第一次做标书需要各部门的配合和支持，相关部门有人参加会很高效；其次，也是想锻炼公司横向跨部门项目管理的能力。但是，他没有意识到自己只布置了任务，却没有和大家沟通这次投标的意义，只简单地安排了行政部经理负责突击工作小组，感觉就放心了，没有关心突击工作小组成员的擅长项目、角色和分工，任凭他们自运转。所幸的是，他有一个负责任的行政部经理，最终把任务完成了。遗憾的是，这个小小的跨部门工作小组的合作是失败的，中间还产生了信任危机。

分析以上案例，我们可以看到，这个老板对行政部经理是很信任的，他把这件事情指定给行政部经理负责后，几乎没有过问工作小组的运作情况。这个信任来自行政部经理的人品，他是个靠谱的人，他在老板规定的时间内完成了交付。通过这件事情，行政部经理在老板心目中的信任账户又多存了一笔。做事情的三位对没有贡献的两位小组成员，连带他们的部门负责人，开始有了小小的信任危机。在这个过程中，那两个部门可能考虑自己部门的事情多了一点，当被安排进工作组的成员没有参与感时，部门负责人并没有注意到这点，也没有向行政部经理了解情况及表示关心。这个现象反映了信任的第六个特点，就是考虑自己的成分多了，这样在别人心中的信任分数会下降。另外，两位没有参与感的成员并没有意识到"信任无法要求别人相信自己，只能管理自己被信任的行为"的特点。他们虽然有机会参加了一个公司层面的临时工作小组，但是他们自动离散了"组织"，使小组的其他成员对他们失去信任。

人与人之间的信任无处不在，上面案例同样可以借鉴到企业OKR的推行中。OKR的每个目标都是有挑战性的，有挑战就会有压力，一个团队的同事有没有共同努力，在平时的相处中一目了然。这就要求KR负责人和团队负责人发挥信任领导力，用信任打造一支高绩效的团队。

4. 鼓励

鼓励是团队负责人带领团队打胜仗的领导力之一。这里指的是鼓励不是激励。在企业管理中，我们经常用激励，比如激励机制、激励方法。激励可以涵盖更多的管理规范和管理行为，是组织通过设计各种硬件和软件工作环境，界定一定的行为规范，有目地来激发、引导、规范和保持企业员工的行为，以实现组织的目标。所以，激励的内涵和外延相对更大。这里的鼓励是指，通过语言、行为等对一个人进行精神上的鼓励，使之振奋起来，增强信心和勇气。鼓励强调的是在精神层面和心理层面上给人以鼓舞。

为什么鼓励他人的能力对一个团队负责人如此重要呢？因为团队负责人肩负着带领团队成员完成目标的使命。根据罗森塔尔效应的原理，学会鼓励他人，可以让团队成员朝着组织期望的方向去努力和发展。

美国著名的心理学家罗森塔尔曾经做过一个关于鼓励他人的实验。他选择了一所学校，找到校长说要做一个实验。罗森塔尔向校长要了学校学生的花名册，随机抽取了18名学生，然后跟任课的老师说，这18名学生都是精挑细选出来的，是特别聪明的高智商孩子。为了确保实验的准确性，他还请求校长要保密。不知情的老师，真的以为这18个孩子是天才，于是悉心培养，给予更多的关照。在学期差不多结束的时候，罗森塔尔回到学校了解情况，结果发现之前挑选出来的18名学生，成绩都提升了很多，而且也变得更加自信。这才是实验开始，在后来的十几年时间里，罗森塔尔对这些学生继续进行了长期的跟踪调查，结果发现他们在毕业后进入社会，并走上工作岗位，每个人都取得了不菲的成就。罗森塔尔根据自己的实验结果，得出了这样的结论："当人们基于某种情况而形成期望之后，在后来的日子他们会越来越靠近这个期望，并且成为现实。"

罗森塔尔效应在教育领域被广为人知，尤其是教育孩子。当父母告诉孩子"这件事情你能行""只要你专注在这件事情上，你一定可以做好"，听到这些话语时，孩子会感受到父母对自己的肯定，会备受鼓舞，自我价值感增加。孩子内心也会涌现出这样的想法："我一定可以！我能做好！我要更加努力实现父母寄予我的希望。"经常受到这些鼓励的孩子，的确也会表现得更自信，学习成绩更好。

同理，在企业推行OKR过程中，团队负责人对团队成员要经常鼓励，尤其是在团队成员遇到困难时，不仅要提供实质性的支持和帮助，而且要多加鼓励，使团队成员提升对自我的认同感和价值感，进而转变成自信心去克服困难，完成目标。

第四部分
哪些最佳实践可以学习

第八章　OKR成功案例解析

他山之石，可以攻玉。

——《诗经》

百度的OKR风暴

对于移动互联网而言，2019年是非常"内卷"的一年。一方面，根据《2019年中国移动互联网秋季大报告》，中国移动互联网月活跃用户规模截至2019年9月底全年只增长了1.3%；另一方面，互联网巨头们新上的App产品并不少，但是让消费者充满期待的产品却寥寥无几，存量市场的竞争变得越来越激烈。对处在国内互联网第一方阵的百度来说日子并不好过，百度决策层强烈地意识到当时的市场环境。2019年5月17日，百度公司董事长兼CEO李彦宏在内部财报中给全体员工写了这样一封信："我们将更加坚定地投入组织能力建设，坚定地推动干部年轻化进程，让优秀的人才脱颖而出。2019年，是富有挑战的一年，但机会也巨大。接下来，从高管到员工，我们要勠力同心、奋斗到底。作为领军人物，说'我们尽力了'没有用，要确保在必须赢的战场上取得胜利；每一位员工，在工作中要倾尽全力，确保每一件事情执行到位。面对宏观环境的不确定性和瞬息万变的市场格局，我们不能等、不能靠、不能怕，要敢于说真话、敢于试错、敢于创新。永远追求卓越，而不是给失败寻找借口。要敢于挑战既有的传统，不要因为过去一直是这么做的就认为一定是对的，每个人都应该被允许去质疑现行的规则和规矩，创新才能应运而生！"

这封信是百度决策层当年对公司进行组织绩效管理改革的又一次宣传。李彦宏在 2019 年春节前夕引入了 OKR 目标管理体系，亲自带队对拥有将近五万名在职员工的庞大组织进行绩效管理改革，从原来实施的 KPI 绩效管理体系改革为实施 OKR 目标管理，并要求每个季度更新一次 OKR。当时百度集体设定了以下 3 个目标。

目标 1：打造一个空前繁荣、强大的百度移动生态，实现多元变现，

目标 2：主流 AI 赛道模式跑通，实现可持续增长，

目标 3：持续推进人才培养和机制设计来保障组织活力，提升百度的组织能力，有效支撑业务规模的高速增长，不拖战略的后腿。

针对每个目标，百度决策层、管理层在公司范围内发动公司全体人员讨论共创实现三个目标的关键结果。

打造繁荣的移动生态，实现多元变现的目标必须有如下 3 个关键结果。

KR1：恪守安全可控、引人向上、忠诚服务、降低门槛的产品价值观，持续优化用户体验，提升百度系产品的总时长份额。

KR2：恪守良币驱逐劣币的商业价值观，实现在爱惜品牌口碑、优化用户体验基础上的收入增长，收入达到 ×××× 亿元，增长 ××%。

KR3：进行产品创新。

主流 AI 赛道模式跑通，实现可持续增长的目标有 3 个关键结果，具体如下。

KR1："小度"进入千家万户，日交互次数超过十亿次。

KR2：智能驾驶、智能交通找到规模化发展路径，让 2019 年、2020 年能有十倍速收入增长。

KR3：云业务及 AI2B 业务至少在 × 个万亿级行业成为第一。

持续推进人才培养和机制设计来保障组织活力的目标，需要看到如下 3 个关键结果。

KR1：全公司成功推行 OKR 制度，有效降低沟通协调成本，激励大家为更高目标奋斗，取得比 KPI 更好的业绩。

KR2：激发从 ESTAFF 到一线员工的主人翁意识，使之比 2018 年更有意愿、有能力自我驱动管理好各自负责的领域。

KR3：建立合理的管理人员新陈代谢机制，打造出不少于 2 名业界公认的优秀领军人物。

三个总目标完全体现了百度和李彦宏最关注的百度的战略发展方向。第一个目标是打造繁荣的移动生态，就是要打造一个空前繁荣强大的百度的移动生态系统，而且，通过生态的建立，要从多元、多渠道变现。第二个目标是跑通 AI 赛道模式，实现可持续增长。这是百度的未来，阿里在云上已抢占先机，有着海外留洋基因的李彦宏在云和 AI 智能赛道上一定不会缺席。第三个目标是组织能力。李彦宏深知，再好的战略如果缺乏组织能力，战略也只能是纸上谈兵。作为百度创始人，组织能力提升和组织发展是他的首要工程。因此，在设立了两个 OKR 的业务目标后，除了确保业务增长之外，必须提升百度内部的组织能力，有效支撑业务规模的高速增长，不拖战略的后腿。

我们来仔细解读一下百度的 OKR 目标设置。对于每一个目标，关键的 KR 都有侧重。在移动生态里，首先提出的 KR 是要恪守百度的价值观，持续优化用户体验，提升百度系产品的总时长份额。因为只有提升了总时长份额，才能确保百度在整个移动生态当中有自己的地位，才能够持续地发展。其次是在提升品牌和优化用户体验的基础上，对于财务数据的要求。要求收入增长多少亿元、带来多少百分比的增长，这是非常量化的具体要求。最后是对于产品持续的发展必须有创新，不能总是依赖，甚至"我总是晚你一步"。

在第二个目标里，第一个关键结果是"小度"作为亲民产品要走进千家万户。要求交互次数要超过十亿次。第二个关键结果是智能驾驶和智能交通找到规模化的发展路径，明确要求 2019 年到 2020 年要有十倍速的收入增长。第三个关键结果是云业务和 AI2B 的业务要成为行业第一。这就是在 AI 这个业务当中，所需要做到的 3 个关键点。

在第三个目标里，对组织能力目标的提升所设置的关键结果 KR：第一就是要在全公司推行 OKR 管理制度，争取比 KPI 取得更好的成绩。第二要激发全体组织内部的成员，包括招聘人事、考核薪资这样一系列的人员和一线的员工，要提升大家的主人翁意识，要提升员工的自我驱动和自我管理的能力；第三要培养一批领军人物。

从百度执行 OKR 我们可以看出百度所关注的 3 个重要目标是什么，

并且要达成目标需完成的 KR 具体是什么。目标是方向和方针，关键结果则是非常具体的定性和定量的指标特征呈现。

也许一家公司根据公司发展战略设定一个具有前瞻性并有挑战性的目标可能没有那么难，就像百度提出的第一目标"打造繁荣的移动生态，实现多元变现"。听起来就像一句口号一样，但要把这句话落地实现就需要设置帮助这个目标实现的关键结果，这个关键结果是有数据的、可看到的、有画面感的，如果无法具体地体现目标的实现与否，或者只是设置日常工作，那么，OKR 就形同虚设，也无法达到想要的效果。

因此，我们在设置关键结果时，必须注意以下三点。

（1）关键结果应该与目标有极强的对应关系，并能够推动目标达成，关键结果的达成代表着团队在向目标迈进。

（2）关键结果可以通过日常的实际努力或者行为的改变获得进展，从而能每周进行定期跟踪进度。

（3）关键结果具有相应的灵活性，当发现不能推动目标达成时，应该能及时进行调整。

这里不得不提一下管理工具内包含的是一种管理思想，也是一种管理手段。百度从 KPI 到 OKR 的转变是一次决绝式的转变，OKR 没有给 KPI 留有余地，在变革的过程中必然会有阵痛和出现不和谐的声音，所以，网络上也有人会说百度当年实施的 OKR 并不成功。在笔者看来，所谓成功的视角不同、定义不同，结论也会不同，业绩成果是管理变革成功与否的最好证明。

第四部分　哪些最佳实践可以学习

华为是这样从KPI到OKR的

2016年，笔者和家人一起去丹麦旅游，在哥本哈根市中心一个最繁华的地方，看到了一个赫然醒目的华为Logo广告牌，当时我们就非常激动，一种自豪感和民族感油然而生。华为之所以有今天，可以说离不开主要创始人任正非高瞻远瞩的战略眼光和开放的胸怀气度。早在1998年，华为引进IBM咨询做流程改造时就说过"先僵化，再优化，最后固化"。这句话成为学习他人经验的经典语句。另外，在管理和流程上任正非坚决反对盲目创新，他认为，要在原有的基础上不断改良和优化。华为在引用OKR这个管理工具时，就是遵循任正非的思想方针，并没有"一刀切"。2015年，华为开始试用OKR体系，据当时华为引入OKR系统的参与者介绍，华为运用OKR既有内部原因也有外部原因。内部原因是，当时员工反馈的公司管理方面的问题有四分之一是绩效管理问题，管理出现路径依赖和僵化，这是企业内部的触动点。外部原因是，随着市场的瞬息万变，许多知名大企业在逐步对绩效考评机制进行改革，不少企业开始引进OKR机制。

相比于KPI，OKR更偏重目标管理，能够激发员工的内在动机，这样无形中会让员工对目标的制定有更大的主动权。OKR把目标与考核剥离，让员工自发地制定目标，在实现目标的过程中进行管理，而不是按照既定目标和完成率来考核。这样一来，极大地减少了员工的压力，更好地激发了员工的自我驱动力。

基于此，华为以部分部门为试点试行 OKR。在华为，研发部门是最需要主观能动性和创新性的部门，当时的 OKR 推广就先从部分研发咨询部门开始。2016 年 5 月，OKR 在部分团队的试点已初见成效，进而在更大范围内进行推广和传播。2016 年到 2017 年上半年，是 OKR 在华为推广力度最大的一段时期。但是，华为在推广 OKR 时并没有完全放弃 KPI。2017 年年底，任正非曾在内部的一次讲话中还提到 KPI："我们 KPI 考核的改革是在内、外合规边界内的责任结果导向，减少考核更多的过程行为，考核的是当责和当责的结果，当瞄准结果考核的时候，我们要简化 KPI，而不是复杂化。KPI 一简单，所有人的奋斗目标也清晰了。"从任正非的这段话里可以捕捉到华为的目标管理是 KPI 和 OKR 并存的。

在一个庞大的组织机构中，引进新的管理理念和管理工具并进行一定程度的管理变革不可能一蹴而就，实施 KPI 一段时间会出现一定的问题，那么实施 OKR 也并不是十全十美。

华为的高管们强烈地意识到，组织管理的变革需要循序渐进，新的管理思想需要从员工意识上开始唤醒。对 OKR 的实施，华为并没有强制推行，而是选择合适的研发咨询部门进行试点。这个部门承担了双重任务，一是本部门先试点实施 OKR，成功后负责在公司范围内进行推广宣传，并作为内部咨询服务部门为其他部门实施 OKR 提供支持和服务。哪个部门需要 OKR 体系，或者在 OKR 推广执行的过程中遇到了问题，就可以向这个咨询部门寻求帮助。

OKR 在华为的实施，改进了某些难以用量化 KPI 考核部门的绩效管理成效，进一步激发了研发团队的创新意识和创新精神，并激活了组织的活力。

2017 年，华为做过一次绩效管理满意度调查。调查的结果是，应用 OKR 系统进行绩效管理的团队，在各个维度上的满意度都要高于采用传统绩效管理的团队，尤其是在团队合作、工作自由度、个人特长的发挥、组织开放度等方面，都有非常明显的促进作用。可以说，OKR 在华为的绩效管理中正扮演着越来越重要的角色。

字节跳动用OKR管理员工

在近几年中国崛起的高科技企业中，字节跳动公司绝对是一个独树一帜的公司，创始人张一鸣自身的成长经历以及对公司的管理思想和实践成为很多企业效仿和学习的榜样。字节跳动公司几乎所有的业务都面向 C 端用户，如大家所熟悉的抖音、今日头条、西瓜视频等，这些产品上市前都要先在用户中做测试，上市后还要实现小步快跑为用户呈现极致体验。如今的字节跳动公司已经拥有 10 万多员工，成了高科技的新头部企业。

对广大消费者而言，大家看到的是字节跳动公司的产品，但其背后是组织管理的创新。比如很多公司的正式沟通都是职能层级化的沟通，而字节跳动公司内部沟通不局限于上下沟通，而是强调全局协同。在管理过程中，管理如产品一样，也在不断迭代和创新。字节跳动是国内最早引用

OKR作为目标管理的公司之一，也可以说，字节跳动是使用OKR帮助企业取得成果的最佳实践。

字节跳动自引进OKR工具后，每年在年初公司管理层定下"O"，到了年底用"KR"来评估这个"O"做到了没有。公司自上而下每个员工都有自己的"O"。员工有了"O"，他们就会把更多的精力放在考虑自己需要做哪些重要的事情，这些事情需要哪些策略和行动去完成，如果自己的能力不够，如何去整合和调动资源，或去加强学习努力使自己完成目标。通过目标的设定，让每个人加强自我认知，明确自我能力提升和职业发展的方向。由于目标、关键结果都是公开透明的，这样也减少了绩效评估中人为的不公平因素，使绩效评估更加客观公正。

字节跳动的高管们带头做OKR，CEO张一鸣每两个月更新一次自己的OKR，公司每双月进行OKR迭代，其间随时调整目标实施的进度，并在第二个月月底对完成情况进行评分。正是有了创始人以及高管团队的表率作用，用OKR作为目标管理工具在字节跳动得到了有效的实施。

为了让信息高效流动，继今日头条之后，字节跳动公司又推出了抖音、懂车帝、悟空问答、皮皮虾等应用软件，在信息交互与分发的路上越挫越勇、四处开花，很快进入互联网科技公司第一阵营，这样的成果不得不说是来自字节跳动公司所有员工的上下同心。

企业在创业之初，创始人的确是拥有技术和有效业务的专家，但随着企业业务逐渐多元化，CEO不再是那个最灵敏的人，因此自上而下，决策权需要交到离炮火最近的一线员工手里，这就是字节跳动在持续发展中仍然能够成为一个敏捷组织的原因之一。

在字节跳动，大家都能知道 CEO 在忙什么：任何员工在内网 IM 上可以直接看到他的 OKR 是什么。更准确地说，任何员工可以看到任何同事的 OKR，以及基本信息、汇报关系。能看到一个人的工作计划，意味着你知道他这两个月的主要精力会放在哪些事情上，一目了然。这样 CEO 自己的目标就可以精准地传达下去，然后，让所有员工形成各自的项目，由部门负责人统一对下属的目标进行监管和把控。

OKR 很重要的一个特征就是一致性。公司有公司的目标，团队有团队的目标，员工也有自己的目标。公司由上而下可以层层分解，由下而上可以层层支撑。

张一鸣曾经对用 OKR 进行管理目标做过一个不错的比喻。他在题为"做 CEO 要避免理性的自负"的演讲中提到怎么建立一个有效的组织，怎么在公司从小变大的过程中应对管理上面临的挑战，字节跳动倾向于"Context, not Control"的解决方案。他把 CEO 大脑比喻成计算机，计算机有两种处理任务的方式：一种是超级计算机，用一台计算机处理很密集的任务；另一种是分布式的运算，让很多机器共同来处理任务，把任务分解，把任务所需要的资源分解。

具体来讲，Context 是指决策所需要的信息集合，包括原理是什么、市场环境如何、整个行业格局如何、优先级是什么、需要做到什么程度，以及业务数据和财务数据等。Control 则包括了委员会、指令、分解和汇总、流程、审批等。OKR 管理思想的精髓就是给到员工更多透明公开的 Context，自上而下地设立目标以及实现路径，而不是一味地用指令、分解动作、审批等对员工进行控制。

从张一鸣对OKR的比喻可以看出，字节跳动对应用OKR的理解是给员工赋能。泰勒时代严苛的科学管理，用控制的手段管理员工已经不再适用，而是要真正地以人为本，从目的性、自主性和精专性找到员工的内在激励因素，赋能给员工。字节跳动正是用OKR工具，通过明确的目标激发员工自主性和精专性的内在动力，在完成目标的过程中寻找工作和人生的意义，使得公司和员工实现共赢。

后 记

写到这里，感觉我已经完全被OKR征服了！

OKR在我的心目中已不再是工具，它是活的，是有生命的朋友！

关于OKR，最后我想说以下几点。

◆ OKR是关于员工的。OKR目标管理法旨在激发员工内在成就动机，挖掘员工潜能，营造自主、开放、创新、超越自身渴望的工作环境，以此来激励员工实现超越自我的目标，进而创造组织绩效。

◆ OKR是关于组织的。企业的使命、愿景和价值观是导入OKR的基石，通过OKR让员工看到企业所追求的宏大目标与自身的关系，并认同这个目标是企业所有人共同追求的目标，引导每个员工思考自己如何行动，才能为企业的宏大目标做出贡献。

◆ OKR是人和事的连接器。引入OKR管理是一次变革管理，企业CEO是变革管理的最大责任人。在推行OKR项目过程中，一定要融入变革管理，只有让OKR管理与变革管理共舞，才能让OKR真正落地。

◆ OKR是修炼道场。在推行实施OKR的过程中，我们需要聚焦、敢于挑战、敏捷、创新、协同、勇气、激励等各种领导力。OKR管理不仅是修炼中高层管理者领导力的道场，也是高潜人才长袖善舞的舞场和员工自我成长的训练场，用OKR借假修真、借事修人、借人修己。

◆ OKR是创新的摇篮。挑战是OKR的主题词，有挑战就有创新，有创新就有发展。每一个OKR就像一个"山头"，要攻破大大小小的不断出现的"山头"，必须有创新精神和创新勇气。在攻克"山头"的过程中，创新也会不断涌现，OKR就是企业创新的摇篮。

感谢您翻开本书并耐心地看完！如果您想要了解OKR并有心将它应用到公司管理助力业绩增长，那么，希望本书能够成为最懂您的知音！

最后，感谢我的家人和公司的伙伴，感谢他们一直支持我、鼓励我，让我有勇气和动力写完这本书，实现我的梦想！

参考文献

[1] 克里斯蒂娜·沃特克.OKR工作法：谷歌、领英等公司的高绩效秘籍[M].明道团队,译.北京：中信出版社,2017.

[2] 约翰·杜尔.这就是OKR[M].曹仰锋,王永贵,译.北京：中信出版社,2018.

[3] 姚琼.OKR使用手册：《这就是OKR》实操教学＋导入手册,手把手教你导入OKR[M].北京：中信出版社,2019.

[4] 保罗·R.尼文,本·拉莫尔特.OKR：源于英特尔和谷歌的目标管理利器[M].况阳,译.北京：机械工业出版社,2017.

[5] 彼得·圣吉.第五项修炼——学习型组织的艺术与实务[M].郭进隆,译.上海：上海三联书店,2001.

[6] 彼得·德鲁克.卓有成效的管理者[M].许是祥,译.北京：机械工业出版社,2019.

[7] 彼得·德鲁克.管理的实践[M].齐若兰,译.北京：机械工业出版社,2019.

[8] 切斯特·巴纳德,经理人员的职能[M].王永贵,译.北京：机械工业出版社,2021.

[9] 陈中.复盘：对过去的事情做思维演练[M].北京：机械工业出版社,2019.

[10] 陈春花.危机自救：企业逆境生存之道[M].北京：机械工业出版社，2020.

[11] 陈春花.激活组织[M].北京：机械工业出版社，2020.

[12] 史蒂芬·科特勒.跨越不可能[M].李心怡，译.北京：中信出版社，2021.

[13] 丹尼尔·平克.驱动力[M].龚怡平，译.杭州：浙江人民出版社，2018.

[14] 史青.领导行为对员工工作态度影响机制的理论与实证研究——基于员工心理动机的视角[D].成都：西南交通大学，2010.

[15] 斯蒂芬·P.罗宾斯，蒂莫西·A.贾奇.组织行为学（第12版）[M].李原，孙健敏，译.北京：中国人民大学出版社，2008.

[16] 汤姆·彼得斯，罗伯特·沃特曼.追求卓越[M].胡玮珊，译.北京：中信出版社，2007.

[17] 里基·W.格里芬，格利高里·摩海德，唐宁玉.组织行为学[M].刘伟，译.北京：中国市场出版社，2010.

[18] 布莱恩·格里瑟姆.如何成为更聪明的人[M].杨惠，译.南昌：江西人民出版社，2020.

[19] 忻榕，张曼琳，张菱.五型领导者——个性化的领导力提升之道[M].北京：中信出版社，2011.

[20] 徐晓蓉.交易型领导对员工主动性影响的研究——以自我效能为中间变量[D].布仁：荷兰商学院，2019.